外食における
消費者行動の研究
―情報活用に着目した購買意思決定プロセス―

島　浩二 ［著］

創 成 社

はしがき

　IT（情報技術）は，家庭内では働き方改革による家事の時短家電化，企業における業務の在り方も生産労働人口減少の穴埋めとしての AI 化，コロナ禍における非接触化など，社会的要請から革新の歩みを止めず，経済や社会の構造に変化をもたらせ続けている。特に，デジタルテクノロジーにおいては，既存製品の付加価値を高めたり，部分的な業務の効率化を図るデジタライゼーションから，生活や働き方，経営や事業の在り方など全体的なシステムやモデルを変革する DX（デジタル・トランスフォーメーション）へと推移している。

　近年のインターネット上の情報活用は，スマートフォンによるインターネット環境の普及によって，新たに情報発信という行動を活性化させた。反面，情報過多と情報の不確実性の課題を浮かび上がらせた。課題を解決するためには，情報活用を中心とした消費行動の実態を把握することが重要な足掛かりと考え，現実の消費行動での情報活用（探索・処理・発信）に着目し，一連の段階を前提とした購買意思決定プロセスを明らかにすることを研究の目的とした。

　先行研究では，まずは，取引の対象となる財の情報の量と質が消費行動に与える影響を情報経済論から，次に情報が消費行動に与える影響をクチコミ研究から，情報活用と購買意思決定プロセスとの関係を消費者行動及びマーケティング研究から議論し，整理した。そして，情報活用に対する欲求については動機付け理論研究から，情報活用の対象となる財（製品・サービス）の特性については，サービス・マーケティング研究から議論し，整理した。

　先行研究のレビューを外食ビジネスにおける情報活用と消費者の購買行動を研究のフレームワークとして提示し，その購買行動の各段階や一連のプロセスにおいて，本論文の研究課題の解決のための「実証」と「分析」をおこなった。

　スマートフォンの普及により，インターネット環境が身近なものとなり，購買意思決定プロセスと情報活用は切っても切り離せない関係となった。他者の

購買経験を通して得た評価やクチコミ，写真などの情報が，購買欲求とは異なる承認欲求に動機づけられ，情報発信される。そして，また他者の購買行動の情報源となっていく。本研究により，情報活用を中心とした消費行動を明らかにしたといえる。

　大阪市立大学においては，1980年代後半の35年前，商学部にてマーケティングを専攻し，山本朗教授（後の名誉教授）の指導を受け，後の大学院での活動も後押ししていただいた。25年の実務を経て，大学院（創造都市研究科）にて，公共政策（永田潤子教授），そして都市ビジネス（近勝彦教授）の2分野にて修士課程を修了し，2022年3月に博士課程を修了，学位を取得に至った。学会活動では，日本マーケティング学会，フードサービス学会を通じて，現在の商学部の小林哲学部長からもお声掛けいただいた。研究活動を支えていただいた全ての先生方，大学院，近勝彦研究室の方々に深く感謝申し上げたい。

　実務経験としては，近鉄不動産では，志摩観光ホテルと業務委託関係にあるリゾートホテル『プライムリゾート賢島』（総支配人総料理長・高橋忠之氏監修）において企画，開業準備，運営管理，宣伝広告などを担当，マーケティングのあらゆる次元での実践を体験してきた。その後は，飲食店（高級割烹店）経営等の経験を持つ母の事業を承継する中で，インド料理店『ガンガ芦屋』のリニューアル，そしてリゾートホテル時代からの知人である元公邸料理人・平石正生シェフとともにShimaフレンチ食堂『ノルポル』の開業，運営とマーケティングに携わり続けることができたことは，この研究活動の礎であるとともに，継続の源となったことは否定できない。

　最後に，刊行にあたっては，細部にわたりご指導いただいた創成社・担当の西田徹氏に，厚く御礼申し上げる。

2022年10月吉日

島　浩二

目　次

第 1 章

研究の背景と目的

1．1　問題の所在と研究の背景

　インターネットは，1980 年代半ば，通信手段として誕生して以来，パソコンの性能向上，低価格化そして通信回線の進化による通信費用の低減により急速に成長してきた。それに伴い，近年の消費者を取り巻くインターネット環境は，スマートフォンの急速な普及・拡大により劇的に変化した。

　2019 年における世帯の情報通信機器の保有状況をみると[1]，「携帯端末全体」は 96.1％で，そのうち「スマートフォン」は 83.4％となり 8 割を超えた。「パソコン」は 69.1％，「固定電話」は 69.0％となっている。2019 年の個人のスマートフォン保有率は 67.6％，携帯電話・PHS は 24.1％で，個人のインターネット利用率は 89.8％と，13 歳〜 69 歳までの各階層で 9 割を超えており，近年は特に 60 歳代以上の利用率が大きく上昇している。利用端末は，スマートフォンが最も多く 63.3％，パソコン 50.4％，タブレット端末 23.2％となっている。都道府県別にみても，インターネット利用率は，東京の 95.7％をはじめ，大阪府の 93.3％と 12 の都道府県で 90％を超え，すべての都道府県が 80％を超えている。また，利用端末においても，45 の都道府県でスマートフォンでの利用率が 50％を超えている。これらのことから，年齢層や，地域に限らずほとんどの消費者が，インターネットを利用しており，半数以上がスマートフォンを利用していることがわかる。

　インターネットの利用目的は，「電子メールの送受信」が最も多く，「情報探索」，「ソーシャルネットワーキングサービス（以下「SNS」という）の利用」，「無料通話アプリやボイスチャットの利用」，「ホームページやブログの閲覧，書き込みなど」，「商品・サービスの購入・取引」，「動画投稿，共有サイトの利用」

と続いている。

　本研究で注目すべきは，「情報探索」と「商品・サービスの購入・取引」，「動画投稿，共有サイトの利用」である。これまで，大画面を有するパソコンによって，職場，家庭を中心にインターネット環境が浸透してきたが，小画面で持ち運び可能なスマートフォンが携帯電話にとって代わり，購買段階ごとの情報活用のツールとして，購買前の情報探索，購買時の情報処理，購買後の情報発信の局面において，特に若い世代を中心に浸透してきたといえる。

　特に，消費面においては若い世代の情報化の急速な進展が指摘されている[2]。「携帯電話やスマートフォンは自分の生活になくてはならない」と考えている割合は，10歳代後半では82.4%，20歳代前半は83.2%，20歳代後半は85.6%と生活に不可欠な存在であることがうかがえる。また，スマートフォンを使って，「商品やサービスの購入・予約」という消費行動をおこなっているのは20歳代が58.9%と最も高く，40歳代が38.6%，50歳代以上は20%以下になっている。商品やサービスを選ぶときの情報入手先についても，20歳代においては「インターネット」が80.9%と最も高く，30歳代が80.0%，40歳代が67.9%，50歳代以上は60%以下になっている。これらのことから，20歳代は消費行動においてもインターネットを通じた情報探索が多く，スマートフォンを使用して，「商品やサービスの購入・予約」という消費行動をおこなっていることが分かった。逆に，60歳以上は「家族，友人，知人からの情報」が54.7%以上で，インターネットの情報を信用していないので商品やサービスの購入をしていないことがうかがえる。

　「商品やサービスを検討するときにクチコミを参考にする」とした回答者の割合は，20歳代で71.4%と最も高く，30歳代が69.6%，40歳代が59.6%，50歳代以上は50%以下になっている。インターネット上のレビューを参考にする人のうち，商品の購入に踏み切ったことがあるという人が20歳代から50歳代まででは約9割以上であった。

　「モノや情報が多すぎて，何が『よい』のかわからず買えないことが多い」とする人は，特に20歳代で多く[3]，若者において「選べなくて買えない」という状況が発生しやすいことがうかがえる。さらに，「買いたいと思って調べ

たり選んだりしているうちに，面倒になって買うのをやめてしまうことがある」とする割合も20歳代，30歳代は過半数を超え，他の年齢層より高くなっているのである。

　身の回りの出来事や日頃考えていること等を自ら情報発信する行動は，20歳代を中心に浸透している。投稿する写真や動画を撮影することを目的とする行動については，SNSで投稿した経験がある人のうち，「旅行（日帰りを含む）」が45.6%，「外食」が38.7%と，いわゆる「コト消費[4]」をおこなう人が多く見受けられる。

　また，インターネットでの商品・サービスの購入で心配なことについては，「個人情報が漏えい・悪用されている」の割合が66.7%と最も高く，次いで「商品やサービスが期待とは異なる」が64.9%，「望まない広告メールが送られてくる」が62.3%，「商品に関する情報が間違っている」が49.8%と続いている[5]。このことは，インターネット上に掲載や投稿された情報が，商品・サービスを購入した消費者の期待に応えていないだけでなく，正確性も欠如していることが原因である可能性がある。

　これらのことから，消費者を取り巻くインターネット環境についての特徴は，2つにまとめられる。1つは，スマートフォンによるインターネット環境の普及による20歳代の情報発信の行動の浸透である。もう1つは，それらによって表面化した情報量と情報内容の問題で，「情報過多による選択回避性」と「情報の不正確性」や「情報内容の不適合性」がもたらす情報の不確実性の課題である。

　まず，年齢層や地域に限らず，スマートフォンの保有率の高まりとともに，インターネットの利用率は9割となり，製品やサービスの購買・予約（情報処理）だけでなくクチコミなどの情報の探索及び発信の手段としてもインターネットを利用するなど，情報活用（探索・処理・発信）の基盤が整備されたことがうかがえる。このことは，売り手（企業）と買い手（消費者）が相対する市場において，その取引の対象となる製品・サービスの情報は，製品・サービスの製造・提供側に偏っており，買い手（消費者）にとって「情報過少」の傾向を見せる「情報の非対称性」の問題を，解消の方向に導いたともいえる。情報活用

図 1 － 1　情報活用と情報の関係

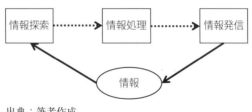

出典：筆者作成。

（探索・処理・発信）の基盤について，情報との関係を整理したものを図 1 － 1 に示す。

　反面，特に 20 歳代の若者において「選べなくて買えない」という状況が発生しており，「モノや情報が多すぎて，何が『よい』のかわからず買えないことが多い」といった，「情報過多」によって情報処理しない，またはできない「選択回避」の状況を生みだしたと考えられる。また，20 歳代を中心に身の回りの出来事や日頃考えていることについて，自ら情報を発信する行動が浸透している。特に「コト消費」といわれる「旅行（日帰りを含む）」や「外食」についての投稿がなされている。情報自体は，インターネット上に掲載や投稿されたクチコミとして蓄積されるものの，期待に応えていない，必要としている情報が入手できない，正しい情報かどうか判断できない，という情報の不確実性の問題が内在している。

　スマートフォンによるインターネット環境の普及は，新たに情報発信という行動を活性化させた反面，情報過多と情報の不確実性といった問題を生じたが，その問題解決のツールとして，情報検索のプラットフォーム[6]として検索サイトの重要性が向上したといえる。検索サイトは，実際の購入者の経験に基づくクチコミや評価，写真，動画などが投稿され，消費行動に影響を与えるだけでなく，予約，購入，支払いといった仕組みをも備えるまでに至っており，売り手（企業）と買い手（消費者）の媒介機能を担っている。検索サイトは，より多くの実際の購入者の評価（クチコミ）を蓄積することによって，買い手側の情報を充実させ，情報の非対称性を解消することに役立つといえる。さらに，検索サイトは，激増する情報を時間や処理能力の限られた買い手にとって，情

報処理（購買意思決定）が可能な規模や内容にまとめる機能がある。これにより，情報の過少，過多が是正され，適量な情報と内容で購買決定を回避しないように適正化するツールであるともいえる。

　では，これらのことに対して，インターネット環境をめぐる消費行動についての研究は，どのように進められているのだろうか。

　情報をめぐる売り手（企業）と買い手（消費者）の関係については，まず，買い手（消費者）として情報を十分に保有する合理人を前提としたミクロ経済学において，情報の質・量について，売り手（企業）と買い手（消費者）の間に偏りがある「情報の非対称性」が論じられてきた。その中で，できる限り簡便な問題解決方法を用いて満足できる選択肢を発見しようとする傾向である情報経済論においては，正確さの欠如など情報の不確実性が論じられてきた。さらに，行動経済学においては，不十分な情報下において一貫性のない，誤りのある非合理的判断について論じられてきた。

　情報そのものの消費行動との関連については，クチコミが消費行動に与える影響に関する研究が進められてきた。消費行動における情報活用については，行動科学（情報処理論）及びマーケティングの観点から購買意思決定プロセス研究が進められている。

　情報の非対称性が存在する市場においては，製品やサービスの供給者（企業）と，購入する需要者（消費者）が存在し，両者の間には，情報収集，情報処理，情報伝達において能力差があり，取引の開始前の段階において，情報の非対称性が存在する。通常，商品やサービスの供給者（企業）側に情報量は偏っているが，検索サイトなどで実際の購入者の評価やクチコミなどの情報が蓄積すると，情報の非対称性が解消される。それどころか，インターネット環境が普及し，投稿されたクチコミが増大し，情報過多の状態に陥り，消費者は購買意思決定を避ける状況が出てきている。消費行動においては検討対象となる「モノや情報が多すぎて（情報過多），何が『良い』のかわからず買えないことが多い」こと，すなわち消費者は，選択肢が多すぎると，選択すること自体を回避する心理現象（決定回避の法則）が起こる。また，消費行動において，利益と損失の2つから1つを選択する際に，利益を求める方よりも損失を避ける方を選ぶ

図1－2　情報の非対称性と経済学的視野の関係

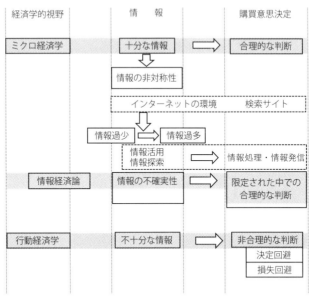

出典：筆者作成。

心理傾向（損失回避の法則）と，行動経済学では指摘している。このように，情報の非対称性は，特に購買意思決定にかなりの影響を与え，特定の消費行動を導き出していることが分かる。これらの情報の非対称性と経済学的視野の関係をまとめたものを図1－2に示した。

　商品やサービスに関するインターネット上の情報活用（探索・処理・発信）については，インターネット上のクチコミと消費者間のコミュニティに関する研究が盛んに行われている。インターネット上でのクチコミは，その受発信行動が，消費者の態度や評価への影響を与え（濱岡・里村，2009），社会心理学の側面から，購買意思決定に与える効果が大きい（宮田，2005）とされる。これは，情報経済論[7]でも指摘されていた。

　クチコミを発信する行動については，属性や職業を含む消費者タイプを考慮した消費者行動が分析され（池田，2010），特に，情報共有との関係性から，消費者間のオンライン・コミュニティから受発信される情報は，購買意思決定プ

ロセスに影響を与え，消費者情報源として捉えられている（池尾，2003）。特に，レストラン・飲食店については，レジャー・旅行に次いで話題にされている（宮田・池田，2008）。インターネット上の情報に関する研究では，飲食店検索サイトを対象に，消費者の特定の検索サイトに対するロイヤルティの形成が必要であると指摘されている（中川，2017）。

　これらのことから，消費者にとっての情報の1つである「クチコミ」は，オンライン・コミュニティや検索サイトを通して共有され，消費行動に影響を与えていることが指摘されている。

　以上のとおり，消費行動における情報活用によって生じる問題について，情報経済論の観点から整理した。さらに，インターネット上の情報活用に関しては，クチコミに関する研究から整理を試みた。これらの結果から，情報活用について，情報探索，購買意思決定（情報処理），情報発信といった各々の段階での断片的な消費行動の研究は見られたが，一連の段階を前提とした消費行動としてとらえた研究は見当たらなかった。

　本研究において，インターネット上のクチコミの対象とされることが多く，検索サイトの研究も見受けられる外食ビジネスに焦点を当て，研究を進めることとした。よって，本論文では，消費行動と情報との関係において，多数の消費者を対象としたアンケート調査を実施し，分析することによって，情報活用を中心とした消費行動の全貌を明らかにしたといえる。

1.2　研究の目的

　本研究の目的は，現実の消費行動での情報活用（探索・処理・発信）に着目し，一連の段階を前提とした購買意思決定プロセスを明らかにすることである。スマートフォンの普及により，インターネット環境が若い世代を中心により身近なものとなり，携帯端末で情報を活用した消費行動が多く見受けられるようになった。興味を持った商品やサービスに関して，単なる情報探索のツールとしてではなく，予約や購入段階をへて購買決定をし，それらを使用することによって感じた評価，感想や写真等を投稿（情報発信・情報共有）するまでに至っている。

　しかし，インターネット上に企業によって掲載された情報や消費者によって
投稿された製品やサービスの情報のうち，特にクチコミなど投稿された情報の
内容の信頼性については，不安要素として挙げられている。家族や知人，友人
に限られていたクチコミより，もっと多くの製品やサービスに関する情報が得
られているにも関わらず，消費行動における情報の過多と情報の不確実性の問
題は解消されていないといえる。この２つの問題は，今後携帯端末が普及し，
機能が進化しようとも解決できない情報のもつ本質的課題であり，その課題を
解決するためには，情報活用を中心とした消費行動の実態を把握することが重
要な足掛かりとなるといえる。そのためにも，情報活用を前提とした購買意思
決定プロセスを明らかにすることによって，情報活用の対象となる情報の信頼
性が高められ，結果，購買行動によって得られる消費者の効用が高まることに
より，情報社会の発展に大きく貢献すると考えるのである。

1.3　本研究の理論的位置づけと枠組み

　本論文の理論的構成は，先行研究，研究のフレームワークの提示，実証と分
析，研究のまとめの４つからなる。情報経済論を中心に，情報に関しては「ク
チコミ」，消費行動については「プロセス」の先行研究を整理する。そのうえ
で，情報をめぐる，今回採り上げる外食ビジネスにおける消費者の購買行動を
研究のフレームワークとして提示する。さらに，プロセスの各段階における情
報活用について，消費者のアンケート調査から実証と分析を積み重ねる。そし
て，最後に，分析結果を整理し，情報活用を前提とした消費行動のモデルとし
て研究のまとめをおこなう。これらの枠組みについて，図１−３にまとめた。
　一般的に，消費行動と情報の研究については，次の３つの経済学の発展とと
もに進められてきたと考えられる。まず，十分な情報の下，合理性のある購買
意思決定者（合理人仮説）を前提としたミクロ経済学，次に不十分な情報の下，
合理性のある購買意思決定を前提とした情報経済論，そして，不十分な情報の
下，非合理的な購買意思決定を前提とした行動経済学である[8]。これらの中で，
現代の消費者が抱える課題に着目した情報と消費行動に関する先行研究を採り
上げる。

図1−3　理論的位置づけと枠組み

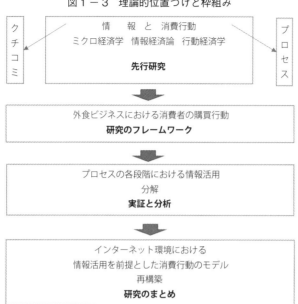

出典：筆者作成。

　情報そのものの消費行動との関連については，クチコミが消費行動に与える影響に関する研究が進められてきた。情報としてのクチコミは，実際の購入者の経験にもとづくインターネット上のクチコミや評価，写真，動画などが含まれ，消費者にとって情報過少の状態，情報の非対称性を解消した。クチコミの具体的な内容としては，消費者の満足度が反映される評価の項目に分類されているが，企業側の視点からは，サービス・マーケティングにおける製品・サービスの構成要素に分解される。

　消費行動における情報活用については，消費者個人の情報処理と企業側のマーケティングの観点から購買意思決定プロセスの研究が進められている。特に，消費者個人の情報処理については，行動科学的側面から「問題認識」，「情報探索」，「代替製品の評価」，「購買決定」，「購買後の行動」の5段階の購買プロセスに区分されており，最後の購買後の行動においては，その使用やサービスを享受することを通して，評価や写真の投稿がなされるまでになっている。

また，企業側のマーケティングにおいては，特にインターネット環境の下での購買プロセスとしてAISAS[9]が挙げられており，Attention（注意），Interest（興味・関心），Search（検索），Action（行動），Share（共有）と，同様に5段階の購買プロセスに区分されている。

　研究課題は，情報活用（探索・処理・発信）と一連の購買意思決定プロセスとのつながりを明らかにすることであり，そのためには，外食ビジネスにおける消費者の購買行動を明示し，プロセスの各段階における情報活用の実態について，実証及び分析をおこなうことが必要である。

　よって，次にこれらの先行研究をもとに，情報と消費行動の関連性をまとめ，今回採り上げる外食ビジネスにおいての消費者の購買行動を研究のフレームワークとして提示し，プロセスの各段階における情報活用について，消費者のアンケート調査から実証と分析を積み重ねることとする。

1.4　本論文の構成

　本論文は，3部・9章の構成となっている。研究の背景と目的，先行研究と研究課題から本論文の主旨を記述するⅠ部，研究のフレームワークと実証及び分析からなるⅡ部，研究の成果と考察，研究のまとめとしてのⅢ部からなる。

　Ⅰ部は本論文の主旨として1章と，「研究の背景と目的」，「先行研究」，「研究の枠組み」，「本論文の構成」，「先行研究とサーベイの範囲」，「各理論と本研究との関係」，「研究課題」，「研究の手順と構成」の2章から構成される。1章は「研究の背景と目的」，2章は「先行研究と研究課題」で，本論文の主旨を述べている。

　Ⅱ部は，まず3章において，本論文の研究対象とした外食ビジネスにおける消費者の購買行動を先行研究及び外食ビジネスの特徴をサービス・マーケティングの視点からまとめ，研究のフレームワークを提示している。そして，4章から8章までの5つの章は，その購買行動の各段階や一連のプロセスにおいて，本論文の研究課題の解決のための「実証」と「分析」をおこなった。以上のことから2部は6つの章で構成される。

　Ⅲ部は，9章において，2部での情報活用に関する実証と分析結果を，一連

　の購買プロセスの中で考察し，情報活用を前提とした消費行動のモデルを本論文の研究のまとめとして「結論」を述べている。

　これらの構成について，次の図 1 − 4 にまとめた。

　本章では，本研究の序章として，本研究の概要を述べる。まず，研究の背景として，消費者を取り巻く情報環境の劇的な変化及びそれから浮かび上がる課題と情報と消費行動に関する研究の推移を整理した。そして，抽出した研究課題から本論文の研究目的を明確にしたうえで，本論文の理論的位置づけをおこない，各章の概要をまとめた。

　2 章では，消費者を取り巻く情報が経済行動である消費行動に与える影響について，先行研究をレビューしている。1 節では，市場のメカニズムを情報の面から整理し，経済的な効率性が達成されていない状態がもたらされる市場の失敗と原因について述べる。2 節では，情報との関係から，市場の失敗のうち情報の非対称性への対応について述べる。3 節では，人間がおこなう非合理的

図 1 − 4　本論文の構成

Ｉ部　本論文の主旨
1 章　研究の背景と目的 　　　2 章　先行研究

⇩

Ⅱ部　研究のフレームワーク＆実証と分析
研究のフレームワーク
3 章　外食ビジネスにおける消費者の購買行動
実証と分析
4 章　消費者の欲求構造の分析 　　　5 章　検索サイトにおける消費者の分析 　　　6 章　情報が購買決定に与える影響についての分析 　　　7 章　サービスの評価構造の分析 　　　8 章　コロナ禍における消費者が必要とする情報の分析

⇩

Ⅲ部　研究のまとめ
9 章　結　　論

出典：筆者作成。

な意思決定について情報の不確実性が消費行動に与える影響を議論している。4節では，消費行動における情報活用について，個々の消費者視点である行動科学的及び消費者群に判断を促す企業から見たマーケティング的観点から購買意思決定プロセスについて提示されたモデルを整理している。5節では，情報として，特にインターネット上でのクチコミが消費行動に与える影響について，検索サイトとの関連性を踏まえて先行研究を整理した。6節では，市場における財（製品・サービス）の評価について，特にサービスについてその特性や構成要素を整理し，サービス・マーケティング・ミックスを通してクチコミとして情報発信（Posting）される過程について整理する。そして，7節では情報活用の情報探索，情報処理，情報発信の動機付けとなる欲求について，欲求階層説とマーケティングの親和性を確認しながら論じる。

　3章では，2章で考察した先行研究をもとに，今回採り上げる外食ビジネスにおける消費行動について，研究のフレームワークを提示する。1節では，外食ビジネスの属する外食産業について触れる。2節では，外食ビジネスにおける情報の非対称性について，3節では，外食ビジネスにおける情報の非対称性への対応及び飲食店検索サイトの役割について述べる。4節では，外食ビジネスにおける，情報による非合理的判断の事例を挙げ，5節では，外食ビジネスにおける情報活用について飲食店検索との関連性を踏まえて整理した。6節では，外食ビジネスをサービス・マーケティング・ミックスの観点から要素に分解して整理し，7節では，外食ビジネスにおける消費者の欲求について，8節では本研究のフレームワークを提示した。

　4章から8章までは，外食ビジネスにおける購買意思決定プロセスの各段階でのインターネット（特に検索サイト）上での情報活用について，消費者のアンケート調査から実証と分析を積み重ねる。4章では消費者の欲求構造，5章では検索サイトにおける消費者，6章では情報が購買意思決定に与える影響，7章ではサービスの評価構造，8章ではコロナ禍における消費者が必要とする情報について，分析をおこなった。

　4章では，外食ビジネスの消費行動のプロセスと情報活用との関連性から，購買意思決定の購買前の情報探索，購買時の情報処理，及び購買後の情報発信

の各段階における欲求について,「Maslow の欲求階層説（Maslow's hierarchy of needs)」に従い, 欲求構造の分析をおこなう。外食ビジネスの対象となる財・サービスは, 価格や品質, 種類とも幅広く, 商品情報も多岐にわたる点が特徴である。そのため, 消費行動における情報活用の動機付けとして, 欲求の構造的な分析を行い, その分析結果から抽出した相互の欲求の関連性を述べた。

　5 章では, インターネットにおける外食ビジネスに関する情報活用（収集・処理・発信）のプラットフォームとして, 飲食店検索サイトを採り上げ, 利用する消費者の分析をおこなう。検索サイトと情報活用について整理し, 検索サイトを利用する際のメインドライバー（主要な要因）を, 購買プロセスの中で明確に示す。抽出されたドライバー（動機付け）から, 検索サイトの利用形態を分析し, その分析結果から消費者を分類する。さらに消費者の分類を分析し, 職業による分類をおこなう。そして, 検索サイトの有料会員サービスに関する調査をおこない, 情報活用の費用負担に対する消費者意識を述べた。

　6 章では, 損失回避の視点から情報が購買決定に与える影響について, 分析をおこなった。非合理的な判断として価格・品質の提示方法が購買決定に与える影響について述べる。実際の消費行動において 2 段階, 3 段階の価格・品質設定を提示した時の消費者選好の変化について分析をおこない, 異なったフレームを提示したことによる消費者選好の変化についてまとめる。

　7 章では, 消費者が購買後におこなうサービスの評価構造に関する分析をおこなった。すなわち, 外食ビジネスにおける情報活用とサービスの評価について, サービス・マーケティングの立場から論じ, サービスの品質の評価指標を使用して, サービスの評価構造の分析をおこなった。

　8 章では, コロナ禍における消費者が必要とする情報, 主に感染症拡大防止対策に関する情報に対するニーズ（欲求）について, 分析をおこなった。今回採り上げた外食ビジネスは, 感染拡大の原因の一要因とされ, 拡大するごとに時短営業や休業を余儀なくされてきた。飲食店が, コロナ禍でも経営・営業活動を通して経済活動を継続するために, 消費者はどのような情報を必要としているのかを調査した。この調査は飲食店にとって危機管理面からも重要な対策を講じるために必要な分析であると考える。

　9章では，本論文によって明らかとなった，現実の消費行動での情報活用（探索・処理・発信）に着目し，一連の段階を前提とした購買意思決定プロセスについて結論を述べる。市場における情報が消費行動に与える影響について，外食ビジネスに焦点をあてた議論を整理し，実証分析によって明らかになったことを総括した。消費行動の情報活用（探索・処理・発信）について，情報を収集する動機付け，情報探索，購買決定，購買後の行動といった各プロセスにおける消費者の分析結果をまとめた。最後に，本研究の学術的貢献，今後の課題を提示している。

【注】
1）総務省令和2年版情報通信白書。
2）消費者庁「消費者意識基本調査」（2016年度）
3）第一生命経済研究所『若者の価値観と消費行動に関する調査』
4）高度経済成長期の所有価値を重視していた消費傾向「モノ消費」に対して，特別な時間や体験，サービスや人間関係によって得られる価値を重視した消費傾向を指す。
5）消費者庁「消費者意識基本調査」（2020年度）
6）近（2021）は多数の参加者が様々な財やコンテンツを交流・交換する場や媒体であると定義している。
7）情報の経済学ともいわれている。
8）先駆者としてH・サイモンは限定合理性を提唱した。
9）電通の登録商標である。

第2章

先行研究

　本章では，消費者を取り巻く情報が経済行動である消費行動に与える影響について，先行研究をレビューしている。まずは，取引の対象となる財の情報の量と質が消費行動に与える影響を情報経済論から，次に情報が消費行動に与える影響をクチコミ研究から，情報活用と購買意思決定プロセスとの関係を消費者行動及びマーケティング研究から議論し，整理する。そして，情報活用に対する欲求については動機付け理論研究から，情報活用の対象となる財（製品・サービス）の特性については，サービス・マーケティング研究から議論し，整理する。

　これらをまとめて，先行研究における情報活用と消費行動との関係についてまとめる。

2.1　市場と情報

2.1.1　完全競争市場

　経済学において，特定の財（商品やサービス）を取引（売買）する場を市場とし，そこには，経済主体として財を供給する売り手（企業）と財を需要する買い手（消費者）が存在し，売買に関する交渉がなされ，数量と価格（単価）が確定し，取引が成立すると多くの場合，財（製品やサービス）と金銭の交換が行われる。

　円滑な取引が実行されるためには，取引の対象となる財（製品やサービス）の品質は均質であること，取引の相手方を探索することが容易（無数に存在）であること，いつでも取引が可能であること，その相場の価格で好きなだけ取引が可能であること，市場への参入や退出が自由にできること，そして財（製品やサービス）に関する情報を売り手，買い手双方が等しく保有していることな

どの条件が満たされる完全競争市場[1]では，最適な資源分配が実現されていると見られている。しかし，現実にはそのようなすべての条件を満たす市場は，ありえないので，自由競争が行われている市場において，市場のメカニズムとしての価格の自動調節機能が働かず，効率的（適切）な資産配分が達成されない状況を生み出す。その状態を「市場の失敗（market failure）」という。

2.1.2 市場の失敗と原因

市場の失敗が生じる原因として，主なものとして，「独占・寡占」，「外部性の問題」，「公共財の存在」，「費用逓減産業」，「情報の非対称性」があげられている。

「独占・寡占」とは，実質的な売り手が1社もしくは少数の企業しか存在せず，買い手はその価格に納得できなくとも契約を遂行せざるを得ず，その1社及び数社が市場を支配する状態である。結果，このような状態では，選択肢を持たない消費者は，やむを得ず高いコストと引き換えに取引に応じざるを得ず，供給者は価格競争を考慮する必要がなくなり，自らが最大の利潤を獲得でき，供給者にとって，有利な市場が形成される。

「外部性の問題（Externality）」とは，市場のメカニズムは，市場内の不均衡を自律的に解決する作用をもっているにも関わらず，外部の事象において，経済主体の経済環境になんらかの影響を与える効果を指す。特定の財の市場の経済主体の行動が，河川や空気の汚染，騒音被害など公害問題といった経済活動に伴って社会に負の影響（負の外部性）を与えるものが発生する状態を指す。これを外部不経済性と呼ぶこともある。逆に，正の効果を生み出す場合を，外部経済性という。

「公共財」の存在とは，治安維持，消防，交通設備，電気水道設備などは市場によって供給されないため，市場取引とは関係のない国や政府が提供するサービスであるため，対価を支払わない人（フリーライダー）を排除できず，供給量は十分であるため消費者間でも競争が起きない状態である。さらに，電気やガスなど社会的インフラとして巨額の設備投資を必要とする反面，供給が進むにつれ費用が減少し，経営に反映されにくくなり独占が生まれやすい「費用

逓減産業」の存在もこのなかに入る。予想できないリスクが発生する場合，リスク回避として過少供給などがあげられている。

　「情報の非対称性」とは，取引の対象となる財（製品・サービス）に関する情報や知識が，経済主体の一方に偏在している状態を指す。古典的な経済学においては，財（製品・サービス）の特徴や状態といった情報は，売り手，買い手双方が完全に理解し，その価値に納得したうえで取引が行われるとしている。しかし，現実の取引の中で，情報や知識を多く保有する場合は，情報優位となり，逆に，少なく保有する場合は情報劣位とされ，一般的には売り手が買い手との比較の中で優位とされる。

　第 1 章で議論した消費者を取り巻くインターネット環境については，スマートフォンによるインターネット環境の普及により表面化した情報量と情報内容の問題で，まさに，情報の非対称性からくる市場の失敗の状態であるといえるので，次節においては，情報の非対称性及びその対応について述べる。

2.2　情報と意思決定

　情報経済論とは，ミクロ経済学の応用分野で，情報は不完全であり，それぞれの経済主体に不均等に保有され，新しい情報を得るためにはある程度の費用が必要であるという認識に基づいている。情報が不完全であるときに，各経済主体はどのように行動し，どのような問題が生じるのか，そして市場は情報の不完全性によって生じた問題にどう対処できるか，さらに，市場が対応できないときにはどのような制度が必要かなどを分析している。Akerlof により不良品ばかりが出回るレモン市場における情報の非対称性の分析が進められ，そのような市場では質の悪い財を購入する傾向（逆選択）や，経済主体の道徳の低下により経済状態が悪化するモラル・ハザードが生じるが，それらに対しては情報を正しく開示せざるを得ない自己選択[2]（自己選抜メカニズム）を制度化すればよいとされている。

2.2.1　情報の非対称性

市場において，売り手と買い手が，特定の財（製品・サービス）を取引する

図2−1 情報の非対称性

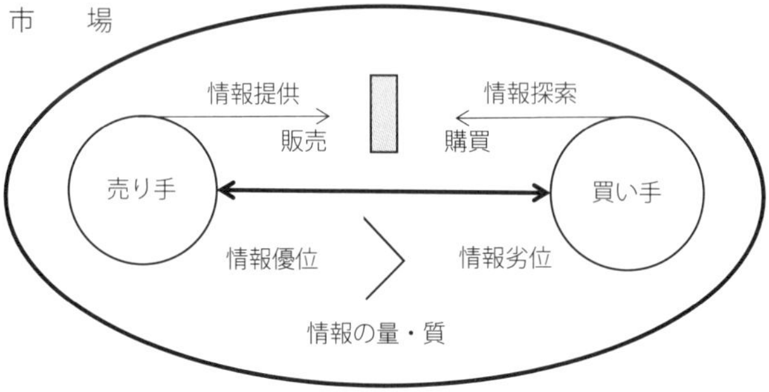

市　場

出典：筆者作成。

　場合，価格を決定する品質情報の量や質に関して，売り手と買い手との間に少なからず「非対称性」が生じる。その格差のある状態を「情報の非対称性（Information Asymmetry）」という。一般的に，財（製品・サービス）を供給（販売）する売り手は，需要（購買）する買い手よりも詳細な情報を持つので，情報優位にあるとされる（消費者は情報劣位）。情報の非対称性が大きくなると，買い手は，製品・サービスの購入を控えるようになり，市場の取引が円滑に行われなくなり，売り手にとって，売れない状況に陥る（レモン市場の形成）。

　これらを図2−1にまとめた。

　そして，情報の非対称性は，「取引の開始前」と「取引の開始後」と取引の段階によって区別されている。「取引の開始前」においては，「隠された情報」として，例えば，中古車市場の取引の対象財である中古車の品質と情報の，「取引の開始後」においては，「隠された行動」として自動車保険市場の加入者の行動に関する情報の格差について議論されている。

　情報の非対称性が存在する市場においては，情報優位者は，情報劣位者に対し，売り手が買い手に対し質の悪い財（製品・サービス）を質の良い財と称して（隠された情報）提供をするような傾向が強くなる。その結果，取引開始前の段階において，本来質の良い財が選ばれ生き残るという選択が行われる前提に対し，取引の一部が行われなくなったり，隠された情報や行動の危険性から質の良い財を避け，質の悪い財を購入する逆選択が行われるようになるなど，不良

品ばかりが出回る現象が起った市場を，レモン市場[3]という。

　レモン[4]は，アメリカの俗語で質の悪い中古車を指し，Akerlof は，中古車が故障しやすいといわれる現象から市場のメカニズムを分析した。中古車市場においては，売り手は，取引の対象となる財である中古車について詳細な情報を保有しているが，買い手はその中古車を購入するまで品質などの情報を知ることはできない。

　また，取引開始後の段階の情報の非対称性は，取引相手の行動が観察できず，行動規範の緩みが生まれるモラル・ハザードをもたらす。自動車保険の場合，保険加入者であるドライバーの運転技能に関する情報が保険会社にはない。保険会社は，自動車保険に加入後のドライバーの行動を完全には監視（モニタリング）できないので，修理費用を保険会社が支払うという仕組みから，ドライバーの安全運転の意識が薄れたり，故意に自動車に傷を負わせたりする行動（行動規範の緩み）を導きかねないなどの悪影響が見られる。

　1 章で整理した消費者をとりまく状況においても，スマートフォンによるインターネット環境の普及により，買い手側の取得可能な情報量は激増したものの情報処理に関する能力が追い付いていない。また，財（製品・サービス）に関する情報内容については，情報提供側の意図にかかわらず，不正確さを含む情報の不確実性が指摘されており市場の失敗の状態は解消されていない。次節においては，情報の非対称性から隠された情報や行動の危険性から質の良い財を避け，質の悪い財を購入する傾向に陥る逆選択への対応について議論する。

2.2.2　情報の非対称性への対応

　現実的には，情報の非対称性から発生した逆選択の状況を解消すべく，売り手（企業）はより良いものをより高く，買い手（消費者）はより良いものをより安くといった取引を目指す中で，適正な質，価格での取引が実現されるべく双方の努力が生まれる。その中で私的情報の開示である自己選択が必要とされ，その代表的なメカニズムが，シグナリングとスクリーニングである。

　情報優位者が情報劣位者に対し，積極的に情報を発信して情報の格差を縮小し，情報の非対称性を解消しようとする行為をシグナリング[5]という。特に，

売り手は，情報公開や品質保証，ブランド，資格などがこれにあたり，私的情報を積極的に公開することにより売り手の信頼が高まるといえる。Akerlof のレモン市場においては，質の良い中古車・財（ピーチ）の売り手が，品質保証に関する情報を付与することにより，質の悪い財（レモン）の売り手との違いを発信することができる。一方，情報劣位者である買い手は，売り手の提供する財である中古車の品質の保証の情報を受け取り，品質の悪いレモンではなく，品質の良いピーチだと判断することが容易になる。

　情報劣位者が，いくつかの案を提示して選択させることにより情報優位者から情報を引き出すなど先に行動する場合をスクリーニング[6]という。もともと，製品・サービスを提供する売り手は，買い手に対し情報優位者であり，情報劣位者である買い手が，情報優位者である売り手にいくつかの案を示し，この選択を通して隠された情報を開示させる。

　このように，逆選択の状況に対応すべく，市場では私的情報の開示である自己選択をすすめるため，シグナリングとスクリーニングといったメカニズムが議論されてきた。これまで情報を媒介する媒体については，インターネット環境が普及するまでは新聞，情報誌やチラシなどの紙媒体とラジオ，テレビなどのメディアに限定されており，広告をベースとした売り手側の発信情報に限定されていた。そのため，買い手は，限られた情報の中で，製品・サービスの質や価格の面において比較検討することに多大な時間や労力などのコストを要した。今日においては，インターネット環境が普及することにより，様々な製品・サービスの情報を探索することができるようになったものの，その情報量が激増したため，買い手側の情報処理能力の限界や，買い手の発信するクチコミ情報の正確性の問題から，情報の非対称性は，解消できない状況となっている。

　しかしながら，インターネット上の情報が，特に買い手の情報処理能力を超えるなか，買い手が判断に必要な情報を属性により分類し集約した検索サイトは，売り手，買い手双方からも，情報やクチコミを蓄積し整理したうえで，シグナリングやスクリーニングといった情報の非対称性を緩和するための役割を担うようになってきたといえる。検索サイトが登場したことにより，製品・

サービスの性能や品質だけでなく，売り手側の多数の販売店が提示する価格比較，実際に購入した消費者のクチコミといった情報源を低コストで手に入れることができるようになった。結果，総じて売り手と買い手の間に存在する情報の非対称性が緩和されたといえる。

　売り手（企業）自身の信頼度は，買い手（消費者）にとって未知なものであり，その売り手（企業）が販売する財（製品・サービス）の質については，それ以上に把握できない事象である。情報が溢れるインターネット上で，売り手（企業）自身のホームページも乱立する中，買い手（消費者）は売り手だけでなくその扱う財（製品・サービス）についての情報に関し，時間的及び費用的な面においても情報処理をおこなう能力には限界がある。その中で，より信頼度の高い売り手（企業）として，質の良い財（製品・サービス）を提供することをアピールするため，売り手（企業）は，私的情報についてより詳細な情報をインターネット上に情報公開する。インターネットという膨大な情報の受け皿が存在することで，情報優位者である売り手（企業）は財（製品・サービス）の情報を多く提示することができるようになった。それを受けて買い手（消費者）は，検索サイトを通した情報探索を通じ，より良い質の売り手，財（製品・サービス）を選択することが可能になった。このことは，検索サイトにシグナリングの機能が備わっていることを指すといえる。

　一方，検索サイトでは，取引の対象となる財の情報探索をおこなう際に，製品・サービスの属性やスペックについて，買い手（消費者）である情報探索者に対し，選択肢としての選択を義務付けることにより，求める嗜好や予算，数量，質（グレード）に関する情報を取得している。このようなインターネット上での提案を重ねることにより，検索サイト上において，取引の対象となる財（製品・サービス）の絞りこみが図られているといえる。このことは，対象となる財に関するインターネット上の膨大な情報を，買い手（消費者）である情報探索者の情報処理能力やニーズに最適化するため，いくつかの案を提示することにより絞り込んでいくスクリーニングが検索サイト上で行われているといえる。

　このように，買い手（消費者）の情報処理能力を超える膨大な情報量（情報過

図2－2　自己選択メカニズムの機能を果たす検索サイト

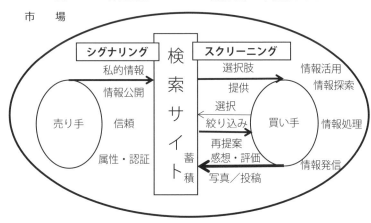

出典：筆者作成。

多），信頼度の不明瞭な状況（情報の不確実性）での合理的な購買意思決定につ
いて情報経済論の立場から議論した結果，シグナリングやスクリーニングのメ
カニズムを通し，情報の量と質も売り手（企業），買い手（消費者）双方のニー
ズに最適化する役割を担う検索サイトの役割が明らかになった。それらをまと
めて，図2－2に示した。

　前述のような状況下においても，すべてにおいて，合理的な判断に基づく購
買意思決定がなされないことが考えられる。次節では，現実には非合理的な意
思決定が散見されるので，心理的側面の影響を考慮した行動経済学の側面から
の購買意思決定について議論する。

2.3　不確実性下の非合理的な意思決定

　前節において，ミクロ経済学，情報経済論に照らし合わせると，情報の非対
称性に対応すべく，膨大な情報量を最適化し，隠された情報や行動の危険性か
ら質の良い財を避け，質の悪い財を購入する傾向に陥る逆選択を回避するた
め，検索サイトがシグナリング，スクリーニングの役割を担っていることが明
らかになった。しかし，現実には，提示された情報から受けた心理的な影響か
ら引き起こされた，非合理的な意思決定が見られる。このことは，正確な計算

を行い，情報を収集したうえで，合理的かつ利己的で，金銭的利益を最大限追求しようとする合理人を前提とした伝統的な経済学では説明できなかった。

　その理論を引き継ぐ形で，心理学として捉えられている意思決定理論が徐々に経済学に影響を及ぼし，非合理的な行動に一定の法則性を見出し，分析し傾向を明らかにしたのが行動経済学である。

2.3.1　ヒューリスティックスとバイアス

　友野（2006）は，行動経済学とは，「人は実際にどのように行動するのか，なぜそうするのか，その行動の結果として何が生じるのかといったテーマに取り組む経済学である」とする。合理性の基準からは外れるものの一定の傾向を持ち予測可能な非合理的な行動について，Kahneman & Tversky は，ヒューリスティックスとバイアスの研究を進めた。この場合，ヒューリスティックスは，合理的ではない人間が意思決定するときに，よりどころとする簡便な手掛かりとなる方法を指し，バイアスは，その結果生じる判断や決定の客観的な正しい評価との隔たりである偏りを指す（友野，2006）。

　正確な計算や情報収集，緻密な論理設定で進めていく合理的な意思決定とは対照的に，直観で素早く解に到達する非合理的意思決定をヒューリスティックスと呼ぶ。広告宣伝やブランドも消費者が商品を選ぶ際のヒューリスティックスの役割を果たすとされている。その代表的なものとして，利用可能性，代表性，アンカリング効果（極端回避性，同調効果など）の 3 つがあげられている。

　利用可能性とは，ある事象が出現する頻度や確率を判断するときに，現実のものとイメージしやすい，その事象が生じたと容易にわかる事例，例えば最近の事例や顕著な例などを思い出し，それに基づいて判断することを指す。十分な情報収集をしないで広告やクチコミなど身近な情報や持ち合わせた知識をもとにおこなう意思決定を指す。利用可能性によるヒューリスティックスによって，社会的な情報がどのように伝達され，人がそれをどのように学習するかに関して影響が及ぼされる可能性がある。入手しやすい情報は伝達されやすく社会に広くいきわたることもある。特にインターネットの普及によってその速度は速くなっている。

　代表性とは，人間が判断する際，集合論的な包含関係あるいは論理的思考からではなく，似ているとか典型的であるなどの基準で，ある集合に属する事象がその集合の特性をそのまま表わしているという意味において「代表している」として考える（思い込み）方式を指す（依田，2010）。一例として，ある女性に関する説明文から判断できる属性に関し，強く心に残るイメージの残像に影響され，判断をおこなうリンダ問題（女性をめぐるイメージの影響）があげられている。

　アンカリング効果とは，不確実な事象について予想するとき，はじめに，ある値（アンカー＝錨）を設定し，その後調整をおこなって最終的な予測値を確定することを指す。印象的な情報を付加することで，意思決定に影響を与え，誘導することを指す。その中でも，同調効果とは，共通項の事象があると安心感，親近感を感じる心理効果で，身近な存在の人たちの行動に影響されておこなう意思決定を指す。

　利用可能性によるヒューリスティックスからは，2つの事象が同時に起こる連言事象は，描写の具体性から，元の単元（1つ）事象より，生起しやすいと誤って判断される連言錯誤[7]，事態が生じた後では，そのことが事実として印象に残り，事前に予測した値を過大評価する後知恵バイアス，メディアや家族，親しい知人，権威者からもたらされた情報（クチコミ）は，印象や記憶に残りやすく，情報の信憑性や出来事を生じる確率は高いと判断されやすいというバイアスを生む。代表性ヒューリスティックスからは，複数回の連続した事象などによる判断や少数からなる標本であっても，母集団の性質を代表とする少数の法則，確率判断における基準率の無視あるいは過小評価というバイアスを生む。少数の法則は，さらに連続した事象の次は反対の事象が起きる確率が高いという判断をするギャンブラーの誤謬，さらには平均への回帰の無視というバイアスを生む。アンカリング効果からは，調整の段階で最終的な予測値が最初に設定する値（アンカー）を判断基準として認識した結果，引きずられ，十分な調整ができないアンカリング効果というバイアスを生む。さらには，自分の意見や態度を裏付けるような情報ばかりを収集したり，反対の情報を無視したり，情報を自分の意見や態度を補強する情報だと解釈する確証バイアス，さら

に自信過剰という傾向を生む。

2.3.2　プロスペクト理論

　不完全または不明な情報といった不確実性下の意思決定における非合理的な行動のモデルとして，プロスペクト理論が提唱され，期待効用理論の代替として効用関数に対応する価値関数と確率の重み付けに関する確率加重関数によって，構成されている。

　プロスペクト理論の価値関数が持つ３つの特徴として，参照点依存性，感応度逓減性，損失回避性があげられている（友野，2006）。

　まず，参照点依存性とは，価値は絶対的な水準によって決定するのではなく，参照点（原点）からの変化またはその比較で図られるものであるとされる。次に，感応度逓減性とは，利得も損失もその値が小さいうちは変化に対して敏感であり，大きくなるにつれて，変化に対する感応度は減少するという性質である。そして，損失回避性とは，同額の利益と損失であっても，損失がもたらす不満足の方が同じ額の利得がもたらす満足よりも心理的負担が大きく感じられる性質である。

　このうち，損失回避性がもたらす人の行動への影響は，人々が財や地位，権利などのあるものや状態を実際に所有している場合には，それを所有していない場合よりも，そのものの評価を高くする保有効果と，人は現在の状態（現状）からの変化については，判断後の良し悪しの可能性が想定され，損失回避的傾向により，変化を回避する現状維持バイアスを生む。

2.3.3　フレーミング効果と選好

　Kahneman & Tversky は，人の意思決定が，質問や問題の提示のされ方によって変化することに着目し，問題が表現される方法を「フレーム」と呼び，フレームによって異なる判断や選択が導かれることをフレーミング効果とした。このことは，伝統的経済学の期待効用理論の前提となる同一の問題がどのような表現で示されたとしても選好や選択に影響を及ぼさないという不変性を否定する概念である。フレーミング効果は，初期値（設定）の状態が２つの状

態 A か B によって選択が変化する初期値効果，人々が金銭について，実質値ではなく名目値に基づいて判断する貨幣錯覚といった傾向を生み出す。

　これらは，意思決定者が外部から与えられたフレームが，意思決定者の選択を左右することを示しており，受動的（外的）フレーミングといわれている。

　また，フレーミング効果において，人々が金銭に関する意思決定をおこなう際には，様々な要因や選択肢を総合的に評価して合理的に決めるのではなく，比較的狭いフレームを作り，そのフレームにはめ込んで決定をおこなうとされ，入手経緯などにより変化する金銭に対する心の勘定科目を持つメンタルアカウンティング（心の会計），今まで費やしてきたお金や費用，続けてきた努力などを重視するあまり，損失を生む行動を継続するサンクコスト（埋没した費用）効果[8]が挙げられる。

　さらに，Tversky & Thaler は，伝統的経済学が選好は一貫して矛盾はなく，どんな状況であっても，時間が経っても不変であるとすることに対し，選好は意思決定者や決定問題が置かれている状況や文脈に依存して形成されるとした。伝統的経済学においては，意思決定は，選好の体系となるリストを持ち，その内容を熟知したうえで，選好のリストと照らし合わせて最も効用が大きい選択肢を選ぶ（選好する）とされてきた。

　例を挙げると，6 ドルと高級ボールペン，さらに第三の選択肢として安物のボールペンを提示すると高級ボールペンの選択率があがる選好の変化や品質が良い順に価格が高くなるカメラを準備し，安価な製品と中間の製品，さらに高価な製品を提示すると両極端の製品が排除されて中間の製品が選択されると極端性回避（妥協効果）という選好の傾向が見られた。

　次項では，研究によって明らかになってきた非合理的判断の傾向を利用し，良い方向に誘導するナッジ理論について論じる。

2.3.4　ナッジ理論（判断の誘導）

　ナッジとは英語で「軽くひじ先でつつく，背中を押す」，「そっと押して動かす」といった意味の単語であり，行動変容を促す意味からは，行動経済学において，人が意思決定する際の環境をデザインすることで自発的によい選択をす

るように誘導することととらえられている。これは，人には選択の自由を保障しながら多くの選択肢を提示する時に，その人にとって最も良いと思われる選択が選ばれやすいように提示方法を工夫するのである。代表的な事例として，男子トイレの例があり，男子トイレの小便器の中にハエの絵をかき，小便の的（最終着地点）を無意識に絞らせて床の清掃費を低減させたことがあげられている。

　次項では，1章のインターネットにおける消費者の調査から明らかになった2つの課題の1つである「情報過多」による「選択回避」の状況について，本項で論じてきた行動経済学の視野（決定回避の法則）から論じる。

2.3.5　決定回避の法則

　第1章のインターネット環境を取り巻く消費者の特徴から，若い年齢層において「選べなくて買えない」という状況が発生しており，「モノや情報が多すぎて，何が『よい』のかわからず買えないことが多い」といった，「情報過多」による「選択回避」の状況が明らかになった。このことは，多すぎる選択肢や複雑な選択肢を与えられると，その中から1つのもの（商品）を選んで決定（選択）することを避ける心理効果の1つで，行動経済学では「決定回避の法則」として，Iyengar が「ジャム実験」を通じて実証している。「ジャム実験」では，別々の日程を設定し，対象とする財をジャムとし，24種類と6種類を設定し，試食販売をして購入までの経緯を分析した。結果，試食をした人の割合は，24種類のジャムが60%，6種類のジャムが40%に対し，試食後に購入した割合は40%であった。ところが，試食後に購入した割合は，24種類のジャムが3%，6種類のジャムが30%と10倍高くなり，結果，購買率は24種類のジャムが全数の1.8%，6種類のジャムは12%との6種類のジャムの方が実際の購買率が約6.7倍高いという結果を得た。24種類のジャムは，試食率は高いものの，試食後の購買につながらないことは，製品・サービスの情報が多いほど，購買意思決定を回避するという結論を導き出した。

　このことは，インターネット上の製品・サービスに関する「情報過多」によって，買い手の「選択回避」（決定回避）の状況を説明しているといえる。

　次項では，購買意思決定プロセスと情報の関係から，1章のインターネットにおける消費者の調査から明らかになったもう1つの課題である情報の不確実性の問題の解決のため，本項で論じてきた行動経済学の基礎ともいえるプロスペクト理論における損失回避性及び極端性の回避について整理する。

2.3.6　損失回避の法則と極端性の回避

　損失回避性とは，消費者は，価格が同額の場合，損失を利得より強く評価する傾向をいう。行動経済学においては，同じ確率で1,000円の利得，損失があるくじの事例で説明されているが，消費者は，与えられた製品・サービスの選択肢のうち，損失の方を強く評価し，損失を意識させる製品・サービスを選択しない傾向にある。Simon & Tversky が79年に発表した行動経済学の重要な理論になっている「プロスペクト理論」においては，損失は利得より 2 〜 2.5 倍強く評価されるとされており（Kahneman & Tversky, 1979），図2 − 3に示す。

図2−3　プロスペクト理論

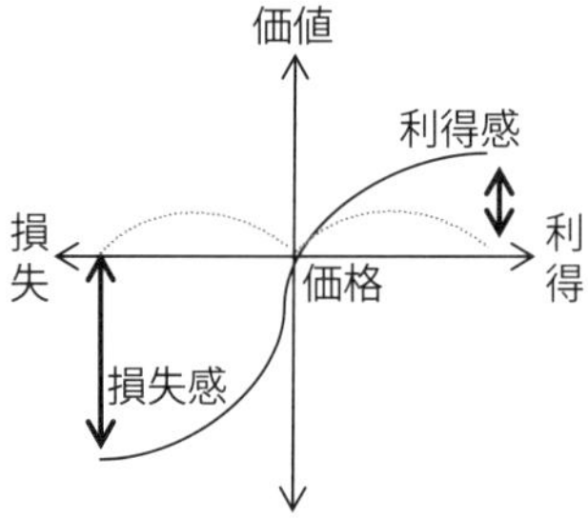

出典：筆者作成。

　一般的な消費者の購買行動においては，損失は価格の負担を，利得はその製品・サービスを購買することによって得る満足度を指す。通常，価格が高くなるほど製品・サービスの質は高くなる傾向にあるが，その質によって得ることができる満足度は，消費者個人が持つ欲求によって尺度が異なる。消費者は，製品・サービスの購買によって得られる満足度よりも，価格の負担に対し強く評価をおこなう。このため，価格に見合った内容の満足度が得られる製品・サービスに対する信頼度が高い状況の場合は，消費者は経済性を重視し，より

価格の低い製品・サービスを選好することになる。

　極端性の回避は，消費者が高価格・高品質の製品・サービスを購買する場合と低価格・低品質の製品・サービスを購買する場合において，価格を負担するという損失感と製品・サービスの品質から得ることができる満足感を比較することで，中間の選択肢が選ばれやすくなることを Simonson & Tversky（1992）は説明している。図 2 − 4 に示す。

図 2 − 4　消費者選好と極端性回避

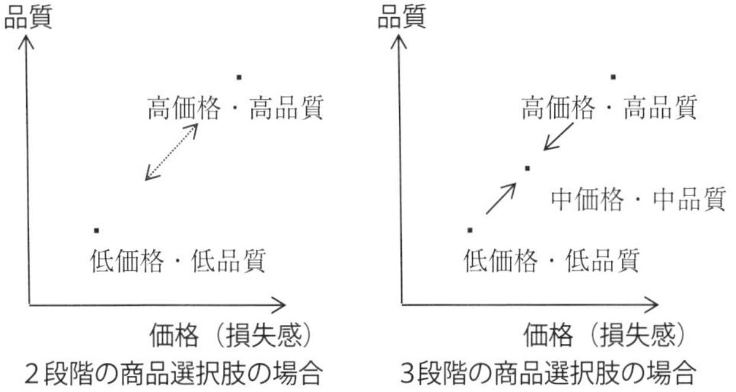

２段階の商品選択肢の場合　　　３段階の商品選択肢の場合

出典：筆者作成。

　消費者選好，特に２段階の商品の選択において，消費者は高価格・高品質の製品・サービスを選択することによって，商品から得た相対的満足感から高い対価を支払った損失感を差し引いた顧客価値を得る。また，低価格・低品質の製品・サービスを選択することによって，当初想定していた価格よりも安いというお得（値打ち）感から，製品の機能やサービス，内容を省くことによる損失感を差し引いた顧客価値を得る。２段階の商品の選択において，２つの製品・サービスから得られる顧客価値の大きい商品を選択するとされる。

　さらに，価格・品質において，既存の２段階の上位の価格・品質の製品・サービスを付加し３段階の商品選択肢を消費者に与えた場合，高価格・高品質の製品・サービスを選択することは，最も高額な価格を支払うという経済行為とともに，価格に見合った効用を得ることができるのかという「損失感」を抱える反面，低価格・低品質の製品・サービスを選択した場合，低価格ゆえ元々

価格・品質	低価格・低品質	中価格・中品質	高価格・高品質
機種	ミノルタ X-370	ミノルタ 3000i	ミノルタ 7000i
価格（単位：ドル）	166.99	239.99	466.99
2段階・選好比率（%）	50	50	
3段階・選好比率（%）	22	57	21

出典：Simonson & Tversky（1992）より筆者作成。

表2－1　Simonson & Tversky による極端性回避の実験（ミノルタカメラ）

低い価値の商品を選択することにより，そもそも求めていた効用，欲求を満たすことができるのかどうかという「損失感」に直面する。その結果，双方の「損失感」を回避するために中価格・中品質の製品・サービスを選択するとされる。

　表2－1は，極端性回避を扱った Simonson & Tversky（1992）の先行研究の結果である。

　この実験においては，品質が良くなると価格も高くなるミノルタのカメラを3機種用意した。106人の被験者に対し，まず低価格・低品質と中価格・中品質の2段階の機種を提示したところ，選択された割合は50：50であった。次に，既存の2段階の上位（高価格・高品質）の機種を加えて3機種から選んでもらうと，低価格・低品質：中価格・中品質：高価格・高品質の割合は22：57：21となり，両極の機種が排除されて中間の価格・品質の機種が最も多く選ばれた。

2.3.7　情報活用と情報の流れ

　このように，非合理的な意思決定について，心理的側面の影響を考慮した行動経済学において研究が進められてきた。まず，ヒューリスティックスとバイアスの研究については，ヒューリスティックスは，合理的ではない人間が意思決定するときに，よりどころとする簡便な手掛かりとなる方法としてヒューリスティックスを，そしてその結果生じる判断や決定の客観的な正しい評価との隔たりである偏りを指すバイアスを明らかにした。そして，不完全または不明な情報といった不確実性下の意思決定における非合理的な行動のモデルとして，プロスペクト理論が提唱された。さらに，人の意思決定が，質問や問題の

図 2 − 5　行動経済学における情報活用と情報の流れ

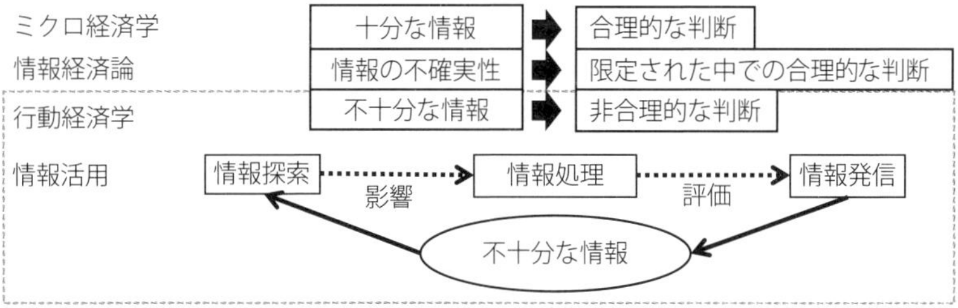

出典：筆者作成。

提示のされ方によって変化することに着目し，問題が表現される方法（フレーム）によって異なる判断や選択が導かれることでフレーミング効果を生み，意思決定者や決定問題が置かれている状況や文脈に依存して選好が形成されることが明らかになった。これらの研究によって明らかになってきた非合理的判断の傾向を利用し，良い方向に誘導するナッジ理論まで登場している。

　本項では，インターネット環境をめぐる消費行動に関する研究のうち，情報をめぐる売り手（企業）と買い手（消費者）の関係について，ミクロ経済学，情報の経済学，行動経済学の 3 つの視点から整理した。その結果，情報の非対称性，情報の不正確，情報の過多など情報の不確実性が，消費者は，意思決定の中で非合理的判断を生じさせた結果，購買意思決定をおこなっていることが分かった。消費者は，情報活用していく中で，特に提示された情報を収集し，その処理能力の範囲内で情報処理（意思決定）をおこなう過程で様々な影響を及ぼして，合理的ではない非合理的な判断をおこなっている。これらのことを，情報活用と情報の流れに沿ってまとめたものを図 2 − 5 に示す。

　行動経済学は，一般に確立された理論やパラダイムとしての伝統的経済学に反する実例に着目し，人が経済人とはいかに違うかを示す証拠を系統的に収集する段階を経て，現在，その段階で収集・蓄積された行動の体系化・理論化を図る段階にきているとされる（友野, 2006）。次節では，消費者行動の体系及び理論について，購買意思決定プロセスを軸として整理する。

2.4 消費行動における情報活用（購買意思決定プロセス）

　検索サイトは，購買意思決定プロセスにおける情報探索，とりわけ外部探索のツールとして位置付けられており，さらに，利用者の声を投稿や閲覧できるクチコミ機能，サイトに限定された特典の利用，飲食店の予約機能も備えている。検索サイトの利用形態と，外食という消費行動との関係を整理するにあたり，従来のものからインターネット普及後に至るまでの購買意思決定プロセスモデルについて，個々の消費者視点である行動科学的モデル及び消費者群に判断を促す企業から見たマーケティング的モデルの観点から確認する。

2.4.1　行動科学的な購買意思決定モデル

　行動科学的な購買意思決定モデルにおける動機づけのメカニズムを十分に分析することは不可欠であるとし，消費者行動研究について杉本 (2013) は，次のようにまとめている。まず，大きな影響を与えてきた初期 (1960年代) の代表的な消費者行動モデルとして，①「S-R (刺激－反応) モデル[9]」を改良した Howard & Sheth (1969) の「S-O-R (刺激－生活体－反応) モデル」，② Nicosia (1966) のモデル，③ Engel, Kollat, and Blackwell (1968) のモデルを挙げている。中でも，Engel et al (1968) のモデルは最も優れたものであり，Engel et al (1968, 1973) のモデルは，現実模写として適切かという妥当性の面から評価している。Engel et al (1968) のモデル (EKBモデル) とは，「問題認識 → 選択肢の外部情報探索 → 選択肢の評価 → 購買過程 → 成果 (購買後の行動／将来の行動)」，Engel, Blackwell & Miniard (1973) のモデルでは，「欲求認識 → 情報探索 → 選択肢の評価 → 購買 → 成果 (満足／不満足)」で Blackwell, Miniard, and Engel (2006) では，「欲求認識 → 情報探索 → 購買前の選択肢評価 → 購買 → 消費 → 購買後評価 (満足／不満足／処分)」となっている。これらの各研究成果について，Kotler (2014) は，情報処理に着目した行動科学モデルについて，Howard & Sheth (1969)，Blackwell & Miniard (1994)，Luce, Bettman & Payne (2001) らの研究成果を採り上げ，「複数の消費者購買プロセスモデルが開発された。」として，「問題認識 → 情報探索 → 代替製品の評価 → 購買決定 → 購買後の行動 (評価)」の5段階の購買プロセスに整理して

いる[10]。この情報処理モデルは，プロセスを購買前，購買時，購買後と区分しており，情報活用の情報探索，情報処理，情報発信とそれぞれ対応している。購買前の問題認識 → 情報探索では情報探索，代替製品の評価 → 購買決定では情報処理，購買後の行動（評価）では情報発信をおこなう。

　また，消費者は，これらの購買意思決定プロセスの中で，自分が対象とする製品・サービスに関心・興味の有無によって異なった消費行動をとることが多い（田中，2008）。このような消費者の関心や興味に関わる概念を関与といい，関与は，消費者がある対象・事象・活動について知覚した重要性や関連性であると定義されている（Peter & Olson, 2010）。

　さらに，インターネット環境が整備されたことによって，情報への興味とアクセスが増大するなか，購買意思決定プロセスは関与のレベル（高低）で分類されるとした（Assael, 2004）。高関与の場合，複雑な過程を経るとされ，5段階の購買意思決定プロセス全てを辿るのに対し，低関与の場合は，意思決定は限定的なものとされ，情報探索，評価はほとんどされず購買決定をおこなう，または，購買後評価される場合もある。また，Engel & Blackwell（1982）のモデルとして，「問題認識 → 情報探索 → 選択肢の評価 → 選択 → 成果」であるのに対して，低関与のモデルとして，「問題認識 → 選択 → 選択肢の評価」を挙げている（杉本，2013）。次項では，マーケティングにおける購買意思決定プロセスについて整理する。

2.4.2　マーケティングにおける購買意思決定プロセス

　消費者のコミュニケーションを含めた製品・サービスに対する態度の変化を説明したモデルとして，AIDA，AIDMA，AIDCA，AISAS，AIDEES の5つのモデルを挙げている（池田，2010）。各モデル名は，構成するプロセスの頭文字をとった略称であり，各プロセスとは，Attention（注意），Interest（興味・関心）まではすべて共通で，Desire（欲求），Action（行動），Memory（記憶），Conviction（確信），Search（検索），Share（共有），Experience（経験），Enthusiasm（熱中）である。

　マーケティングモデルについて池田（2010）は次のようにまとめている。

　AIDA モデルは，消費者の心理的な変化の過程を表したモデルで，それに対し製品を記憶することの重要性を強調したのが AIDMA モデルである。次に，記憶するだけでなく，各自が自分の十分条件に照らし合わせて納得に至る確信のプロセスを重要視したのが AIDCA モデルである。

　一方，インターネット時代の消費者行動を捉えるプロセスとして，AIDMA モデルの Desire（欲求）と Memory（記憶）が Search（検索）に集約され，さらに Action（行動）の後に，Share（共有）を加えたものが AISAS モデルである。このモデルは，製品・サービスの情報は消費者によって能動的に検索され，また，購買の前後を通じて，クチコミなどの形で期待や使用感，評価が広範に広がることが指摘されている。最後に，熱中するほどの感動体験が，クチコミとして ICT を通して拡散するのが，AIDEES モデルである（池田，2010）。このことから，AISAS モデルは，購買前，購買時，購買後と区分しているうえ，情報活用の情報探索，情報処理，情報発信とそれぞれ対応している。Search（検索）では情報探索，Action（行動）では情報処理，Share（共有）では情報発信をおこなう。

　さらに，消費者行動のプロセスモデルは，意思決定者の「心のプロセス」から，自らが発信者となることで，クチコミを通して他者とのコミュニケーションを含めたモデルへ進む（池田，2010）。インターネット，特にスマートフォンが登場した以降は，SIPS（「Sympathize: 共感」→「Identity: 確認」→「Participate: 参加」→「Share & Spread: 共有・拡散」）など共有だけでなく，ネット・コミュニティへの参加を前提としたプロセスも提唱されている。また，Kotler（2017）によって，インターネットへの接続性によって生み出される変化に対応した 5A として，「認知：Aware」→「訴求：Appeal」→「調査：Ask」→「行動：Act」→「推奨：Advocate」が提唱されている。

　これらの個々の消費者視点の行動科学的モデル及び消費者群にフォーカスしたマーケティング的モデルをまとめて図 2 − 6 に示した。

　これまで述べてきたように，行動科学的モデルは，プロセスを購買前，購買時，購買後に区分し，情報活用のうち情報発信のタイミングである購買後の行動に着目した。また，マーケティング的モデルのうち AISAS モデルは，イン

図２－６　購買意思決定プロセスモデル

◆消費者行動（対象：個々の消費者）

SRモデル

刺激（stimulus）　　➡　　反応（response）

SORモデル

1969　刺激　➡　消費者生活体（organism（知覚➡学習））　➡　反応

ニコシアモデル

メッセージの接触（企業→消費者）　➡　態度形成（探索➡評価）　➡　動機付け↓購買行動　➡　フィードバック（企業・消費者）

EKBモデル

1968　問題認識　➡　選択肢の外部情報探索　➡　選択肢の評価　➡　購買過程　成果（購買後の行動／将来の行動）

BMEモデル

1973　欲求認識　➡　情報探索　➡　選択肢の評価　➡　購買　➡　成果（満足／不満足）

2006　欲求認識　➡　情報探索　➡　購買前の選択肢評価　➡　消費　➡　購買後評価（満足／不満足／処分）

情報処理モデル

2001　問題認識　➡　情報探索　➡　代替案評価　➡　購買決定　➡　購買後の行動

Engel & Blackwellのモデル

1982　（高関与）問題認識　➡　情報探索　➡　選択肢評価　➡　選択　➡　成果

（低関与）問題認識　➡　選択　➡　選択肢の評価

◆マーケティング（対象：消費者群）

AIDA
Attention（注意）➡ Interest（興味・関心）➡ Desire（欲求）➡ Action（行動）

AIDMA
Attention（注意）➡ Interest（興味・関心）➡ Desire（欲求）➡ Memory（記憶）➡ Action（行動）

AIDCA
Attention（注意）➡ Interest（興味・関心）➡ Desire（欲求）➡ Conviction（確信）➡ Action（行動）

AISAS
Attention（注意）➡ Interest（興味・関心）➡ Serach（情報探索）➡ Action（行動）➡ Share（共有）

AIDEES
Attention（注意）➡ Interest（興味・関心）➡ Desire（欲求）➡ Experience（経験）➡ Enthusiasm（熱中）➡ Share（共有）

SIPS
Sympathize（共感）➡ Identity（確認）➡ Participate（参加）➡ Share & Spread（共有・拡散）

5 A
Aware（認知）➡ Appeal（訴求）➡ Ask（調査）➡ Act（行動）➡ Advocate（推奨）

出典：筆者作成。

ターネット上の情報の共有の概念を含有しており，検索サイトにおける情報活用（探索・処理・発信）を分析するには最適であるといえる。

　次項では，インターネット上の情報活用（検索・処理・発信）において，検索サイトと購買意思決定プロセスを整理するにあたり，情報処理モデルとAISASモデルを組み合わせた購買意思決定プロセスモデルを検討する。

2.4.3　情報活用と購買意思決定プロセスモデル

　検索サイトと消費者との関係を整理するにあたり，売り手と買い手との情報の非対称性を踏まえ，製品・サービスに関する情報と購買意思決定プロセスとの関係について確認する。ここでは，情報活用との関連が深い行動科学的モデルの情報処理モデル，マーケティング的モデルのうちAISASモデルを組み合わせて情報活用と購買意思決定プロセスについて述べる。

　行動科学的モデルの情報処理モデルについては，個々の消費者の購買意思決定プロセスを問題認識，情報探索，代替製品の評価，購買決定，購買後の行動に区分している。

　第1段階の問題認識では，内部刺激（内発的動機）や，売り手が提供する看板，チラシなどの情報による外部刺激，外的圧力（外発的動機）によって，買い手のニーズ（欲求）の関心が引き起こされる。そのニーズが動因または誘因となり，対象となる製品・サービスに対して興味を抱く段階である。

　第2段階の情報探索では，ニーズへの関心を覚醒させた消費者が，ニーズ（欲求）を満たす製品・サービスについて情報を収集する段階である。この覚醒には2つのレベルがあり，情報に敏感になっている「高められた注意のレベル」と，ニーズ（欲求）が高まることで，いままでの利用経験や，クチコミ，インターネットの検索サイト，チラシ，実際に複数の店舗を回ることによって得た情報などによって，情報を集める「積極的な情報探索のレベル」がある。その情報源としては，家族や友人，隣人，知人などの人間関係による情報源，売り手が直接発信する情報源，マスメディアを使って発信する情報源，消費者自身のいままでの利用経験からくる情報源がある。今回採り上げる検索サイトのランキングやクチコミなどの評価は，他者の利用経験からくる情報源といえる。

　第 3 段階の代替製品の評価では，情報の探索によって絞り込まれた製品・サービスを，価格帯，品質，性能，サービスなどの属性やブランドイメージなどの項目によって比較する。そして，絞られた候補のすべてを天秤にかけ，優先順位をつけたうえで絞りながら，すべての要素をある程度含有する特定の製品・サービスを選択する。

　特に，第 2 段階，第 3 段階においては，製品・サービスの選択における購買意思決定プロセスは，情報を組織化，統合化し，その製品・サービスに期待する基準を設定し，それをもとに候補に挙がった複数の代替製品から比較，評価するまでのプロセスである。検索サイトは，製品やサービスのカテゴリーごとに設定されていることが多く，情報探索から代替製品の評価まで，買い手（消費者）が探索や処理など情報活用に関する時間や費用などのコストを大きく低減させることに寄与しているといえる。行動経済学的な側面からは，不十分な情報の下，その製品・サービスの購買に値する基準（参照点依存性）の影響を受けながら非合理的な判断をおこなう段階といえる。

　第 4 段階の購買決定では，前段階で選び出した選択肢から，最終的に 1 つの製品・サービスを決定する段階である。1 年前から予約を入れる計画的な購買決定から，無計画な購買決定の場合もある。検索サイトを通じて予約をおこなうこともでき，その際には割引やサービス，ポイントなどの特典が付与されるケースが多い。

　第 5 段階の購買後の行動においては，製品・サービスが決められた後（購買決定），製品の使用やサービスを享受することを通して，評価をおこなう。買い手は再購買の可能性を秘めており，満足度が高ければ再購買の予備軍として，低ければ再購買の阻害要因としてクチコミが広がるので，非常に重要である。特に，パソコンやスマートフォンの普及によるインターネット環境の充実は，検索サイトが単に情報を検索するだけでなく，感想や写真の投稿さらには，評価を点数や星の数で定量化する機能が付加され，ソーシャルネットワークサービス（SNS）を積極的に利用する消費者のなかで広く共有されるまでになっている。

　AISAS モデルについては，インターネットの普及を背景に，消費者が自ら

情報を収集し，発信し，他者と共有するという行動を踏まえ，消費者群の購買意思決定プロセスが，Attention（認知・注意），Interest（興味・関心），Search（検索），Action（行動），Share（共有）の5段階に区分されている。

　第1段階の Attention（認知・注意）では，買い手（消費者）が情報入手する最初の段階であり，各種媒体，インターネットで広告などを見て製品・サービスについて認知・注意（Attention）する段階である。売り手（企業）にとっては，消費者に認知される段階であり，宣伝・広告活動としては重要なプロセスである。

　第2段階の Interest（興味・関心）では，第1段階で認知した製品・サービスについて興味・関心（Interest）を示す段階である。主に，個々には家族や知人などから直接聞くクチコミに関心・興味を示すが，インターネットの利用率の高い若年層からなる消費者群は，SNS などインターネット上のクチコミなどの情報に影響を受ける傾向にある。第1段階と合わせて，情報活用の前提となる動機付けの段階である。

　第3段階の Search（検索）では，第2段階で興味・関心をもった製品・サービスに関する詳細情報や消費者が投稿したクチコミや評価を情報探索し，本当に自分が購買すべきか，比較検討する段階である。インターネットが普及し，クチコミや投稿された評価などの情報が膨大な量（情報過多）となる中で，買い手（消費者）は，情報の量と質も売り手，買い手双方のニーズに最適化する役割を担う検索サイトなどを利用し，情報活用の最初の段階である情報の探索をおこなう。

　第4段階の Action（行動）では，集めた情報を吟味するなど情報探索をおこなった結果，判断（情報処理）をおこない購買（Action）に至る段階である。情報活用の中でも，収集した情報を整理し，比較検討するために加工し，選択を判断する段階である。インターネット上での情報活用を前提としているため，次の情報発信の段階における，発信情報として，購買した製品の使用感やサービスの享受を通した評価を構築するプロセスでもある。

　第5段階の Share（共有）では，購買後の行動として，製品の使用やサービスを享受した経験，感想，評価や写真などを SNS や検索サイトなどに投稿し，

図 2 － 7　行動科学的及びマーケティング的購買意思決定プロセスモデルと情報活用

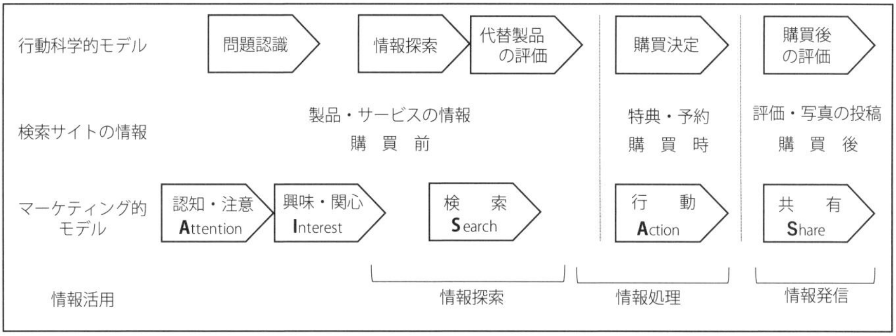

出典：筆者作成。

他の消費者と共有する段階である。クチコミ，評価などの情報の Share（共有）は，情報検索と情報発信が，検索サイトなどの共通のプラットフォーム（土台となるサイト）の場でおこなわれており，情報は蓄積し，消費者群の中で拡散，浸透していくなかで，他者の情報活用を喚起する役割を担っている意味においても重要である。

　行動科学的モデルとマーケティング的モデルを組み合わせ，情報活用との関係を図 2 － 7 に示す。

　情報活用のうち情報探索の段階は，行動科学的モデルの情報探索，代替製品の評価に，マーケティング的モデルの Interest，Search がそれぞれあたり，情報処理の段階は，行動科学的モデルの購買決定に，マーケティング的モデルの Action がそれぞれあたり，情報発信の段階は，行動科学的モデルの購買後の評価に，マーケティング的モデルの Share がそれぞれあたる。このように，行動科学的モデル，マーケティングモデルとも情報活用の段階（探索，処理，発信）は，購買前，購買時，購買後に区分されることが明らかになった。特に，購買後の行動の段階では，行動科学的モデル，マーケティングモデルにおいては，製品・サービスに対する評価は本人の再購買の可能性を含んでいるうえ，インターネットに投稿（Post）されることにより他者と共有される。さらに，マーケティング的モデルにおいては，投稿（Post）されたことにより蓄積された評価や写真などの情報は，他者の情報活用を喚起することにおいても重要性

が指摘されている。

2.4.4 購買意思決定プロセスモデルと情報活用

本項では，購買意思決定プロセスについて，消費者の視点の行動科学的モデルと消費者群の視点のマーケティングモデルについて論じてきた。双方のモデルとも，購買前，購買時，購買後の段階でプロセスが区分されており，情報活用についても同様に，情報活用，情報処理，情報発信に区分されている。そして，特に評価・写真の投稿（Post）の購買後の段階において，行動科学的モデルでは購買後の行動が，マーケティング的モデルでは Share（共有）が，それぞれ情報活用に重要な段階であることが明らかになった。

次に，情報活用と2つの購買意思決定プロセスについては，親和性が高く，情報活用の対象となるインターネット上のクチコミおよび検索サイトについて，次節で述べる。

2.5 情報活用とインターネット上のクチコミ

スマートフォンの保有状況は，情報端末のうち8割を超え，個人の保有率は約7割となり，インターネットの利用率は9割に達している。特に，「情報探索」と「商品・サービスの購入・取引」，「動画投稿，共有サイトの利用」など，情報活用のツールとして情報探索，情報処理，情報発信の局面で利用されている。

インターネット上において，実際に商品やサービスを利用した消費者（買い手）がサイトや掲示板などに発信した情報をクチコミという。企業（売り手）が発信する宣伝，広告などの情報よりも信頼されやすい情報とされ，消費者（買い手）が，自主的に情報探索と情報発信を行い共有する情報である。クチコミには，良い評価もあれば悪い評価もあり，購買後の使用を想定できる情報であるので購買意思決定（情報処理）に与える影響から，特に購買前の段階においては，企業から提示された情報だけでなく，情報探索の対象となる貴重な情報であるといえる。企業（売り手）にとっても，自社の製品・サービスの評価を知ることができ，悪い評価についても，改善をおこなうための貴重な情報であるといえる。また，インターネットの普及により情報検索のプラットフォー

ムを通してネットワークへの参加が容易になったため，クチコミの重要性が増した（近，2006）とされる。

　クチコミは，4項での購買意思決定プロセスでは，消費者が購買後の行動において，製品を使用し，サービスを享受した後の感想や評価をインターネットに投稿（Post）する行動が見られた。まさに，クチコミを情報発信しており，マーケティング的モデルでは，情報の Share（共有）により第3者に対し情報活用の喚起をしているとされる。クチコミは，企業（売り手）側にとっても，莫大な費用がかかる宣伝，広告と比べ，低費用で自社の製品・サービスに関する情報の拡散が期待できる宣伝，広告ともいえる。

　個人がおこなうインターネット上の情報活用に関しては，インターネット上の消費者間の交流の場であるコミュニティに関する研究が盛んに行われている。インターネット上のコミュニティは，オンライン・コミュニティといわれ，共通のジャンルやテーマがオンライン・コミュニティに属する利用者のうち，積極的に発信するのは約1割で，残り9割の人は情報を探索して閲覧を専門にするものの，コミュニティの秩序を保つ意味では重要な存在であるとする（村本・菊川，2003）。オンライン・コミュニティにおいては，製品を使用し，サービスを享受した消費者によるクチコミや評価の情報発信（Posting）により情報が蓄積し，情報探索する消費者は，単に情報を検索するだけでなく，情報の正確さなどのチェックの役割も担っており，不正確な情報に関しては淘汰されているといえる。淘汰された情報は，再度蓄積されインターネット上にさらされることによって，再度淘汰される。この工程が繰り返されることにより，蓄積された情報は熟成されていく。

　消費行動とインターネットにおける情報共有との関係性において，情報探索と情報発信の相互作用から発生する消費者間のコミュニケーション（ネット・コミュニティ）は，購買意思決定プロセスに与える影響により，情報検索をおこなう消費者にとって重要な情報源として捉えられている（池尾，2003）。社会心理学の側面においては，オンライン・コミュニティ上の情報は，消費者自身を取り巻く他者のもつ知識量が低く，しかも，日常的に接する消費関連情報量が少ない人に対して，購買意思決定に与える効果が大きい（宮田，2005）とさ

れる。オンライン・コミュニティ上の情報は，身近な人からのクチコミを聞く
機会が少なく，インターネットの利用頻度も低い大半の消費者に大きな影響を
与える。さらに，消費行動における他者性の観点からも，オンラインでのクチ
コミの影響が指摘されている（宮田，2006）。

　このように，スマートフォンによるインターネット環境の急速な普及により，
消費者間のコミュニケーションが重層化の様相を示している。そのなかでもク
チコミは，その発信，受信行動は，他者の消費行動における態度や評価への影
響を与える（濱岡・里中，2009）とされる。これらのことから，インターネット
上の情報であるクチコミは，その発信，受信行動を通した消費者間のコミュニ
ケーションによって，蓄積し，その情報の正確性もチェックされることにより
淘汰されながら，他者の消費行動へ影響を与えるまで熟成しているといえる。

　クチコミ（行動）については，スノーボール調査（雪だるま式紹介標本法）に
より，年齢，学歴，職業（職種）などの属性や買い物圏，可処分所得などの要
因を考慮した消費者行動が分析されている（池田，2010）。この分析では，購買
前の情報収集と購入後の情報発信対象を 39 にわたる商品カテゴリーを話題性，
情報ニーズの強弱から，「話題財」，「非クチコミ財」，「経験財」，「クチコミ財」
と 4 つに分類化し，各々対応の検討を可能にした（清水，2013）。対して，企
業側の視点として，ネットからリアル（店舗）への集客（送客）である Online
to Offline（注　略して O2O ともいわれる）の手法も，インターネット環境の変
化に伴い，複雑化が進んでいる（近，2015）とされ，売り手（企業）の販売促進
(Promotion) 上の情報提供にも影響を与えているといえる。

　なかでも，今回採り上げるレストラン・飲食店（外食ビジネス）については，
レジャー・旅行に次いで話題にされており（宮田・池田，2010），飲食店検索サ
イト[11] を対象に，消費者が，特定の飲食店を繰り返し利用して飲食店の予約
をおこなうという行動を導くためには，特定の検索サイトに対する「e ロイ
ヤルティの形成」（検索サイトに対する愛着）が必要であると指摘される（中川，
2017）など，消費行動とは切り離せない存在となっている。

　最後に，インターネットやパソコン，さらにスマートフォンなどの携帯端末
の出現により，接続性の時代を迎え，単に技術による接続性から顧客経験の接

続性へと進化したことが，マーケティングの基盤である市場に大きな影響を与えており，インターネットが普及したデジタル経済のマーケティングは，消費者の購買意思決定プロセスを「カスタマージャーニー（顧客の行動，思考，感情の流れ）」として捉えられている（Kotler, 2017）。

　インターネットを取り巻く消費者の研究が進む中，オンライン・コミュニティにおける消費者間のコミュニケーションから発せられるクチコミや写真などは重要な情報源となることが分かった。情報活用のなかで，情報が蓄積し，消費者間のコミュニケーションで淘汰され，熟成していく過程において，行動経済学の前提とされている情報の不十分性を補完していると考えられる。さらに，検索サイトは，他者の経験的情報として消費者の購買意思決定に影響を与えるだけでなく，その集合体としての情報を検索するためのプラットフォームの役割を担い，店舗の予約（集客）の機能まで持つようになった。このような検索サイトを利用する消費者について分析を進めることは有意義であるといえる。

　クチコミに関する情報活用と消費者間のコミュニケーションの関係については，図2－8に示す。

　次節では，情報活用の対象となる市場における財（製品・サービス）について，特にサービスの持つ特性の面から整理する。

図2－8　クチコミに関する情報活用と消費者間のコミュニケーションの関係

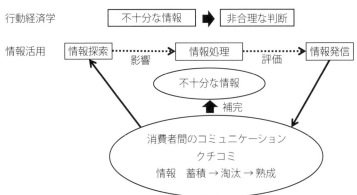

出典：筆者作成。

2.6 財としてのサービス

2.6.1 市場における財 (製品・サービス)

市場においては，売り手 (企業) と買い手 (消費者) が出会い，財を取引する。売り手 (企業) は財を供給し，買い手 (消費者) は財を需要する。また，財は，人間の欲望を充足するために必要な物質的な手段，あるいはサービスとされ，売買の対象となり得るか否かで，自由財と経済財に分けられる。

自由財は，空気のように十分に存在するため，貴重な財でありながら代償を払うことなくその便益を受けることができ，欲望に比して供給量が相対的に過剰であることに対し，経済財は，人間の欲望を満足させることに役立ち，その存在量が限られている。経済財を獲得するためには何らかの経済的代償が必要な財であり，欲望に対して供給量が相対的に過小であり，売買の対象となり得るため，価格を有する。よって，市場における財としてのサービスは，経済財に含まれる。

経済財について，買い手 (消費者) 側が払う代償としての価格は，次のように決定される。買い手 (消費者) が購入しようと欲する財の数量 (需要量) は，当該財の価格，他の代替財の価格，買い手 (消費者) の所得や嗜好，天候，宣伝・広告など，様々な要因に影響を受ける。また，売り手 (企業) が販売しようと欲する財の数量 (供給量) は，当該財の価格，他の代替財の価格，生産にかかる費用，生産技術の状態，天候，企業 (供給側) の目標，政府の規制など多くの要因に影響を受ける。売り手と買い手は，価格の変化により需要と供給の不一致を解消し，市場の価格調整メカニズムを経て，価格，欲する数量について，双方が満足する状態である均衡価格，均衡取引量からなる市場の均衡が実現する。

さらに，経済財は，物理的な物体の有無により，有形 (体) 財と無形 (体) 財に区別されている。有形財は，売り手 (企業) から買い手 (消費者) に所有権が移転することにより，売り手 (企業) は利潤を，買い手 (消費者) は便益を獲得する "形あるもの"，つまり製品であるのに対し，無形財は，所有権の移転は伴わず，売り手 (企業) から買い手 (消費者) に使用権または利用権を付与することにより売り手 (企業) は利潤を，買い手 (消費者) は便益を獲得する "形なきもの"，つまりサービスである。

2.6.2　有形財と無形財

　経済のサービス化が進み，売り手（企業）が市場に提供する商品には様々な形でサービスが含まれている。それらの市場提供物は，5つのカテゴリーに分類されている（Kotler, 2001）。

　まずは，製品そのままでサービスが伴わない純粋な有形財，そして，2番目は製品にカスタマーサービスなどサービスが伴う有形財である。製品に付帯するカスタマーサービスとしては，ショールーム，配送，修理・メンテナンス，手続き代行，保証内容などで，製品としては自動車が挙げられている。さらに，3番目は財とサービスが半々を占める有形財とサービスの混合しているタイプで，料理（製品）と企業の提供するサービスの両方を提供するレストランを挙げられている。4番目には，主要なサービスに付随サービス及び有形財を伴うサービスで，航空輸送サービスを中心に航空機という空間だけでなく食事や飲料，航空券，機内雑誌など有形財を含む航空輸送を挙げられている。最後には，ベビーシッター，心理療法，マッサージなどの純粋なサービスと，サービスの占める割合が多くなる順番にあげていることは，経済のサービス化に則したものといえる。これらの有形財と無形財（サービス）の違いを明らかにするために，有形性が優勢なサービスから無形性が優勢なサービスまでを1つの連続体として並べたものが次の図2－9である。

図2－9　個別のサービスによる有形性と無形性

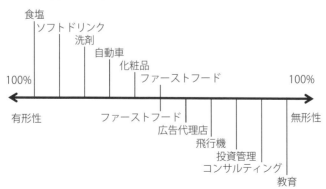

出典：Fisk et al（2005）をもとに筆者加筆修正。

2.6.3　サービスの特性と要素

　また，Fisk et al（2005）は，サービスの持つ有形財（製品）と異なる特性として，無形性，同時性，異質性，消滅性の4つを示している[12]。

　1つ目の特性として，サービスは物理的な存在ではないので，実物を見たり，触ったり，手に持ったり，それを棚の上に陳列しておくこと（在庫）はできないという無形性をもつ。この無形性からくる買い手（消費者）の不安を解消すべく，サービスを提供する側である売り手（企業）は，資格や証明書，映像化した写真などを活用してサービスの証明を管理し，無形のものを見える形にして提示（情報提供）する必要がある（Kotler, 2009）。

　2つ目の特性として，売り手（企業）がサービスを提供（生産）することと同時に，買い手（消費者）がサービスを享受（消費）するという同時性を持つ。それは，サービスが生産される場所に，買い手（消費者）が直接出向くことを前提としており，サービスの提供者である売り手（企業）だけでなく，享受する側の買い手（消費者）が，サービスの共同生産者としての役割を担うことを意味する。美容院や病院での施術に見られるように，サービスの最終的な完成度は，売り手（企業）と買い手（消費者）が，相互作用を通じてその場所で生産するため，サービスに対する売り手（企業）の生産技術の能力と，買い手（消費者）の協力度，生産過程に向けられるサービスを享受する能力に依存するとされている。

　3つ目の特性として，サービスは，生産後の成果や品質を継続的に標準化することが難しいという異質性が挙げられている。サービスの提供者である売り手（企業）のスタッフと享受する側の買い手（消費者）ともに人間であり，サービスは相互の作用に大きく依存している。銀行や病院，ホテルの窓口業務に見られるように，役割を担う人，時間，場所によって，影響を受けやすく，高い成果や品質を維持するために，従業員の教育などによるサービスの品質管理の必要性が増している。

　最後に，サービスは，生産の時だけに存在しており，消費のために貯蔵しておくことができないという消滅性が挙げられている。飛行機の座席やホテルの客室に見られるように，サービスが提供されている間，売り手（企業）のスタッフのサービスの生産能力が使われないまま時間が過ぎていくと，サービスを

遂行することによって得られるはずの収入の機会を失ってしまう。その問題を解消すべく，ゴルフ・スキー場，映画館，バー・レストランにおいては価格の変動（プロモーション）を，美容院，歯科，各種相談においては事前の登録・予約システムの導入により，需要を管理・シフトしているとする。

　これらをまとめると，サービスは，形がなく（無形性），売り手（企業）のスタッフと買い手（消費者）が，時間とともに消滅していく（消滅性）場所において，同一空間を共有し，相互作用により生産・消費する同時性を持つ。一方，生産されなければ消滅していく（消滅性）うえ，スタッフ，消費者が変動するなか，まったく同じ相互作用が生まれることは無いので標準化は難しい（異質性）。これらをまとめて図 2 - 10 に示す。

図 2 - 10　サービスの持つ特性

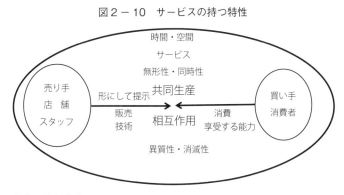

出典：筆者作成。

　サービスの特性を整理することにより，売り手（企業に属する従業員）と顧客との相互作用によってサービスが生産され，その生産と消費を導く（消滅性を解消する）ために，売り手（企業）は，来るべき生産の機会のために異質性を解消すべく標準化するための準備を行い，在庫が持てない，形に表示できないという無形性を解消すべく，財としてのサービスを商品として顧客に提示し，消費を促す。

　次項では，サービスの特性と情報活用について述べる。

2.6.4　サービスの特性と情報活用

　前節から，市場において取引される財は，各々の度合いが異なるものの，有形財（製品）と無形財（サービス）から構成されることが分かった。さらに，山本（2007）は，人的要素，無形財を構成する 4 つの要素に着目し，商品をより具体的に分析している。

　まず，無形財（サービス）を構成する最も基本的で重要なものとして人的要素が挙げられる。売り手（企業）と買い手（消費者）を直接結ぶ企業に属するスタッフは，サービスの持つ同時性から，サービスを生産するにあたり消費者と相互作用を生じる一方の担い手として，また異質性から一定のサービス品質を維持するための従業員教育の対象としてそれぞれ重要な役割を担う。Fisk et al（2005）は，医療，接客，法律相談などの事例から人的要素の重要性について，サービスを生産するにあたり，スタッフの一挙手一投足（サービス生産活動）が共同生産者としての消費者の視線にさらされていることを挙げている。さらに，企業と顧客をつなぐスタッフを担当者として，技術的スキル，と顧客との相互作用における対人スキルが求められ，顧客が知覚するサービスの品質に影響するとされる。

　次に，重要なものとして情報が挙げられている。情報の非対称性として，情報提供をおこなう側の売り手（企業）が持つ財（製品・サービス）への情報と，情報探索をおこなう買い手（顧客）が持つ情報の間には格差が生じている。売り手（企業）は，サービスを提供する側の最低限の責務としてだけでなく，販売促進活動（プロモーション）として情報を伝達する。Fisk et al（2005）は，サービスの情報を伝達することは，購入するよう顧客に説得，欲求を想起，さらには付加価値を高めるためにも，無形のサービスを理解させるために重要な方法であるとする。

　さらに，有形財の利用権が挙げられている。鉄道や航空機の座席，ホテルの客室，レストランのテーブルやイスなど，有形財を直接購入するのではなく，一定時間賃貸借したり，占有したりして利用する権利としてのサービスである。Fisk et al（2005）は，サービスの有形財である設備環境は，サービスの提供者と顧客が相互作用（交流）する時の全ての物理的環境を包含しており，顧

客にとって，そのサービスの提供プロセスと知覚する印象に大きな影響を及ぼすとする。周囲の色や明るさ，音楽のボリュームや調子，匂いや香り，空気の新鮮さや温度，空間の使用方法，家具の心地良さ，環境の設計や清潔さ，その他あらゆる雰囲気を構成する物的（設備）環境は，サービスの特徴に影響を及ぼすとする。

　最後には，所有権の移転の発生しない情報の利用権を挙げている。インターネットにより情報化が加速するなか情報技術の進化とともに，紙やディスクなどの媒体（有形財）から，複製しない限りにおいてデータ（無形財）のやり取りで取引できる情報サービスである。紙や記憶媒体などの物理的な財を必要とせず，主にインターネット上でやり取りができるが，売り手（企業）は ID，パスワードなどの発行を行い，買い手は一定期間もしくは無期限でその情報を取得，利用することができる。複製に関しては，音楽や書籍などの情報は著作権法など法制度に守られている。また，様々なソフトウェア，アプリケーション，コンピュータシステムが情報サービスとして取引の対象になっている。在庫や流通に関する費用が発生しないため，新しい取引態様の情報提供サービスとしても注目されている。

　これらのサービスを構成する要素を，図 2 － 10 に加えたものが，次の図 2 － 11 である。

　このように，サービスの種類によって，保有する特性だけでなく，サービス

図 2 － 11　サービスの持つ特性と要素

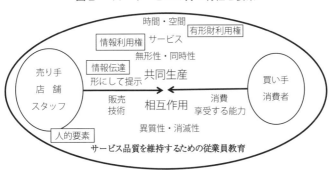

出典：筆者作成。

の構成する要素や割合が異なることが明確になった。売り手（企業）にとって，適用するマーケティング戦略を構築するにあたり，提供するサービスの特性，構成する要素やその割合を把握することは重要であるといえる。

2.6.5　情報活用とサービス・マーケティング・ミックス（サービスを構成する要素）

本項では，情報活用（探索・処理・発信）と一連の購買意思決定プロセスとのつながりを明らかにするためにも，売り手（企業）が，市場で取り扱う財（製品・サービス）について，どのような活動をおこなっているのか，そして，情報をどのように活用しているのかを確認し，整理する。

サービスは，需要を高めるために必要な全要素からなる複数のマーケティング・ツールを，消費者のニーズに応えられるように組み合わせた「マーケティング・ミックス」によって創り出される（Kotler, 2002）。需要を高める要素で構成されたマーケティングにおける変数について，基本となる McCarthy の4P，そしてサービス・マーケティングに関連する Booms & Bitner の7P，Lovelock & Wirts の8P について述べる。

McCarthy によって，マーケティング・ツールは製品（Product），価格（Price），流通（Place），プロモーション（Promotion）4つの大きなグループに分類されており，マーケティングの4つのP とされている。

製品（Product）は，市場のニーズ（欲求）を満たすために提供される製品及びサービスを組み合わせたものであり，2項でも触れているとおり，サービス・マーケティングにおいては，製品（有形物）だけでなく付帯するサービス，付随する有形物などを含む。

価格（Price）は，買い手（消費者）が製品に対して支払う対価のほかに，時間や手続き，利便性などの面の負担も含む。製品だけでなくサービスの生産にかかる費用が反映されているので，単に需要・供給，競合企業の動向だけでなく，共同生産者としての買い手（消費者）の価値観，消費者行動等の様々な要因によって決定される。

流通（Place）は，顧客にサービスを届けるためにおこなうことすべてを含む。

製品・サービスの製造（加工）業者から最終消費者までの流通経路（チャネル）のことで，商的流通（取引きの流れ），物的流通（製品の流通経路），情報流通（製品情報の流れ）に分けられている。事務所の開設や立地，営業時間，情報手段などが重要視される。

最後に，プロモーション（Promotion）は，買い手（消費者）に価値を伝え，購買を促すための活動である。情報伝達の形としての販売促進活動は，メディアでの広告，特売などのセールスプロモーション・相談などの人的販売，報道などパブリシティと広報活動が様々な組み合わせで行われている（Fisk et al, 2005）。

以上が McCarthy の 4P となるが，情報活用との関連で見ると，売り手（企業）は，買い手（消費者）に向けて，製品（Product），価格（Price），流通（Place）といった製品・サービスの要素をすべて情報として捉え，購買前の段階において消費者に対して情報伝達のなかでプロモーション（Promotion）をおこなっているといえる。

さらに，Booms & Bitner（1981）[13] は，サービス・マーケティングにおいて，これらの基本的な 4P に加え，参加者（Participants），物的な環境（Physical evidence），サービス過程（Process）のサービスの経験を構成する重要な要素（3P）を加え，サービス・マーケティング・ミックスの 7P として提唱している。

参加者（Participants）は，サービスに関係する人を指し，サービスを提供するスタッフ，サービスを受ける顧客だけでなく，他の顧客やサービス生産に関わる全ての人が含まれる。スタッフと顧客は，相互作用によりサービスを共同生産する。スタッフに対する評価が，サービスの品質の満足度に影響を与えるとされる（Lovelock, 2007）。

物的な環境（Physical evidence）は，サービスの性質を伝える環境や有形財を意味し，建物や店舗（内装），その雰囲気（ユニフォーム），調度品，設備，備品も含まれる。スタッフと顧客の間における，サービスのエンカウンター（接点）を演出する空間である。

サービス過程（Process）は，スタッフによって，買い手（顧客）に対する製品・サービスの購入にあたっての，予約や来店から着席までの応対，製品を選

んだりするプロセスにおいて，サービスが提供される手順や流れで組み立てられており，一定のマニュアル化されたものから，顧客や環境の変化への臨機応変な対応が含まれる。サービス過程（Process）によって，感じた期待と満足度のギャップが評価とつながり，クチコミとして情報発信されるので，最も重要な要素であるといえる。

　さらに，Lovelock & Wirts による 8P としてあげられている生産性とサービス品質（Productivity and Quality）は，顧客視点から同時に生産性とサービス品質の改善をおこなう戦略を指し，サービス品質の改善にあたっては，コストと売上予想とのバランスが重要であることを意味する。サービス品質の改善は，買い手（消費者）の評価を意識せざるを得ないので，買い手（消費者）からの情報発信（Posting）は，売り手（企業）にとって貴重な情報であるといえる。技術革新を初め，経営環境は刻々と変化しており，新しいサービス機会への対応を念頭に置いたものといえる。

　これらを踏まえると，消費者の情報発信により，インターネット上には膨大なクチコミなどの情報が蓄積し，情報の正確さなどのチェックの役割も担う消費者間のコミュニケーションを通して，不正確な情報などは淘汰される。淘汰された情報は，再度蓄積されインターネット上にさらされることによって，再度淘汰される。この工程が繰り返されることにより，蓄積された情報は熟成されていく。

　この情報の蓄積，淘汰，熟成する過程が，消費者側のインターネット上に情報発信（Posting）する機能だけでなく，投稿（Post）された情報を蓄積し，淘汰，熟成した後に想定されていないマーケティング要素の存在があるのではないかと考え研究を進めた。

　これらをまとめて，図 2 - 12 に示す。なお，図中の網掛けに想定されていないマーケティング要素があると考えられる。

　次節では，動機付けの側面から欲求階層説に基づいて情報活用を述べる。

図 2 − 12　情報活用とサービス・マーケティング・ミックス

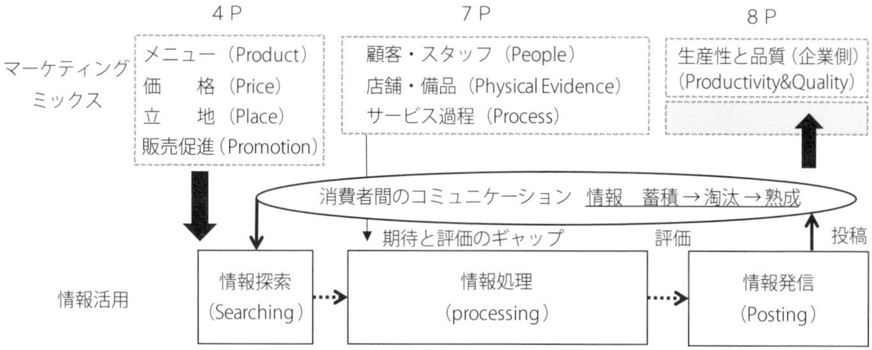

出典：筆者作成。

2.7　情報活用と動機付け

2.7.1　欲求階層説と動機付け

　Maslow は，動機（motivation）[14] 付け理論を定式化すべく，「人間は自己実現に向かって絶えず成長するものである」と仮定し，人間の欲求（needs）を 5 段階の階層で理論化した。マーケティングにおいても人間性心理学や動機付けの理論を進展させたと評価されている。その 5 段階の欲求について述べる。

　まず，基本的欲求として，生理的欲求を挙げている。生命維持のための食事や睡眠，排泄などの本能的，根源的な欲求であり，生きていく上で欠かせない，生存のための欲求である。

　次に挙げる安全・安心の欲求とは，安全性，経済的安定性，良い健康状態の維持，良い暮らしの水準，事故防止，保障の強固さなどを重視し，暴力や犯罪などの危険から守られていること，経済的な安定，健康な生活，衣食住に不自由しない暮らしなど，安全で安定した生活への欲求を指している。生理的欲求とあわせて生命としての基本的な欲求である。

　そして，所属と愛の欲求とは，情緒的な人間関係によって他者に受け入れられている，どこかに所属しているという感覚で孤独，追放，拒否といった事象と無縁状態であることを確認する意味においては他者との関係を構築，維持したいという願望である。会社・家族・国家など，あるグループやコミュニティ

などの集団へ帰属していたいという欲求であり，この欲求が満たされない時，人は孤独感や社会的不安を感じやすくなる。

集団への帰属が実現すると，所属と愛の欲求が満たされ，自分自身がその集団から価値ある存在と認められたい，尊重されたいという承認の欲求を持つ。この欲求は，自己尊重感，技術や能力の習得，自己信頼感，自立性を得ることで満たされる。

最後に，自己実現の欲求とは，自分の持つ能力や可能性を最大限に発揮し，そのために，創作的活動や自己の成長を図り，具現化することにより自分にしかできない固有の生き方をしたい，あるべき自分になりたい，自分の思い描く夢を実現したいという欲求である。

これら5つの欲求には優先度があり，低次の欲求が充足されると，より高次の欲求へと段階的に移行するとされ，高次の欲求段階にいたとしても，病気や怪我などで基本的な低次の欲求が満たされなくなると，低次の欲求から優先的に解消していく。低次の欲求が満たされると，再び高い欲求段階を充足させようとする。

さらに，生理的，安全，所属と愛，承認の4つの欲求は「足らないものを満たす」欠乏欲求とされ，「なりたい自分，あるべき自分になろう」という自己実現の欲求には，「なるんだ」という成長動機（欲求が生じる原因）が必要であるとした。

このように，日常生活において集団のなかで生きていくことを余儀なくされる人間は，集団とのかかわりを深め，その中で尊重される存在になるべく自己成長への願望を内発し，自己実現を目指すに至る様々な欲求を持ち合わせている。低次の欲求を満たして高次の欲求に段階的に推移するという5つの階層は必ずしも相互に独立しておらず入り交じっており，各階層の割合，大きさ，内容，質などの次元には個人差が見られる。

2.7.2 欲求階層説とマーケティング

杉本（2013）は，人間が行動を発現し維持することで，一定の方向へと導いていく過程を表す「動機付け」について，次のようにまとめている。産業心理

学における動機付け理論をみると，組織心理学の領域での動機づけの理論は，どのような要因が人間の行動を動機付けるかという「内容理論」と，動機付けを生起し，人間の行動が目標や誘因に向けていかに始発，維持，集結されるかといった心理的メカニズムとしての「過程理論」に大別される。消費者を購買行動に動機付ける消費者行動研究においても，「内容理論」と「過程理論」としての動機付けの双方の側面から実証することが必要だと主張する。そして，Engel らによる意思決定モデルにおいては，人間は心的エネルギーが活性化されると動機付けられるとし単数もしくは複数の動機によってある種の目標に向けて行動が方向づけられるとしたうえで，Maslow の欲求階層説を基盤として人間の欲求を挙げている。さらに，動機の基本的な種類は，生理的欲求に関連する動機，他者との相互作用に関する動機，および能力や自己に関する動機の3つに分類されるなど，「内容理論」に相当する視点に重点が置かれているとする。

　また，松井（2001）は，欲求階層説は，消費者行動の動機づけ理論として，マーケティング論に強い影響力を持ち続けていると指摘している。Kotler（2006）も消費者行動（マーケティング刺激に対する消費者反応）に影響を与えるものの個人的要因として鍵となる，人間の動機に関する理論として欲求階層説を挙げている。

　しかし，松井（2001）は，欲求階層説をマーケティングの視野から整理するなかで，指摘されている様々な問題が孕んでいること，マーケティング論において必ずしも正確に受容されたわけでもないことが批判の対象であるとする。さらに，それでもなお大きな影響力を持ち続けることは欲求階層説とマーケティングの親和性（物事を組み合わせたときの，相性のよさ）であるとする。また，金井（2001）も自ら監訳者となった Maslow の著書『完全なる経営』の解説で，欲求階層説には誤解があったとする。

　松井（2001）によると，Kotler は，消費者欲求を重視するマーケティング・コンセプトとして顧客志向，利益志向，統合的努力型を挙げるが，最も重要なのは顧客志向という。経済活動が，企業（供給側）主導から消費者（需要側）主導へ移行し，顧客志向のマーケティングが重要になるなか，消費者の購買行動

を動機付けるためには消費者欲求の理解の必要性が高まっているといえる。

2.7.3 Maslow の欲求階層説

　Maslow（1987）は，『人間性の心理学』のなかで，動機付け理論を定式化すべく，「人間は自己実現に向かって絶えず成長するものである」と仮定し，人間の欲求を5段階の階層で理論化した。一般的に，これら5つの欲求には優先度があり，低次の欲求が充足されると，より高次の欲求へと段階的に移行するとされ，高次の欲求段階にいたとしても，基本的な低次の欲求が満たされなくなると，低次の欲求から優先的に解消していく。逆に低次の欲求が満たされると，再び高い欲求段階を充足させようとすると理解されている。

　さらに，Maslow（1998）は，『完全なる人間』の中で，生理的，安全，所属と愛，承認の4つの欲求は「足らないものを満たす」という欠乏欲求とされ，「なりたい自分，あるべき自分になろう」という自己実現の欲求には，「なるんだ」という成長動機が必要であるとした。

　ヒューマニスティック心理学の提唱者である Maslow は，1950 年代に『人間性の理学』(1954)，1960 年代に『完全なる人間』(1962)，『完全なる（自己実現の）経営』(1965) を発表した。

　そして，心理学者 Maslow と経営学者 McGregor との接点を金井（2001）は，次のように指摘している。Maslow は，健全な「人間」の発達の問題を健全な「社会」の発展と結びつけて論じ，「仕事（企業）」を「人間」が「社会」に通じる窓として捉え，いい「社会」の特徴とは何か，その相互関係とは何かについて，実証的な分析ツールではなく，自己実現した「人間」の経験からの全体論（ホーリスティック的）理解を目指したとする。

　それに対し，McGregor は，経営学のなかに「人間」の問題を取り入れ，自尊心や自己実現の欲求までを見通して，組織に依存しきらない精神的に健康で自律的だとする「人間」モデルに基づく新たなマネジメント理論を目指したとされている。

　1960 年代の心理学にベースを置く経営学者の一人として McGregor が Maslow を発見し，XY 理論の説明のなかで，欲求階層説を引用することによ

りマネジメントの研究に深みが増し，経営管理論や組織行動論の堅固な基盤を築いたとする。

さらに，杉本 (2013) は，消費者意思決定モデルを整理する中で，Engel らによる意思決定モデルは，Maslow が『完全なる（自己実現の）経営』(1965) を発表した後の，1968 年のモデルから 2006 年のモデルに至るまで，Maslow の欲求階層説を，消費者欲求の内容理論の基本に据えているとする。

Kotler (2008) は，消費者行動（マーケティング刺激に対する消費者反応）に影響を与えるもののうち個人的要因の中で鍵となる 4 つの心理的プロセスとして，動機（実際に行動を起こすレベルに高められたニーズ），知覚，学習，記憶があるとした。そして，人間の動機に関する理論として欲求階層説を挙げている。特に，Maslow は，特定の時期に特定のニーズに突き動かされる理由を解明しようとしたとされている。

また，松井 (2001) が指摘するように Kotler は，企業の視点から訴求すべき製品属性を明らかにする指針として欲求階層説を採用している。このように，マーケティングにおける消費者行動に影響を与える要因としての動機付けとしての欲求を理解するために，欲求階層説が採用されてきた。

欲求階層説とマネジメント理論が出会い，これらの時代を経て，経済活動が，企業主導から消費者主導に移り変わってゆくにつれて，欲求階層説をベースにした McGregor の企業という組織のなかで仕事を担う「人間」モデルが，マーケティングにおいて，企業が産出した製品・サービスを購入する消費者としての「人間」にも採用されることになったと考える。

2.7.4　欲求階層説への批判点

Maslow の欲求階層説に対する批判は，実証に関するものと理論的枠組みに対するものがある。松井 (2001) は，実証に関する批判を，被験者のサンプリングの偏りと恣意性と欲求の階層性の不安定な経験的妥当性（検査結果がもっている測定目的の有効性）の 2 点を挙げている。リンカーン，アインシュタインなどの著名な偉人，特に西洋人の健康な精神を持ち合わせた人物を研究対象に加えたサンプリングの手続きに関しては，一般化することが困難であり，基準

が恣意的であるとする。欲求の階層性については，因子分析を用いて欲求のカテゴリーの妥当性を検討した研究では，5つのカテゴリーは必ずしも相互に独立しておらず，カテゴリーの次元には個人差が見られるとされている。

　また松井（2001）は，理論的枠組みに関する批判について次の3点を挙げている。1つ目は，低次欲求のみならず高次欲求も生得的（生まれつき備わっている先天的）なもので，文化的規範の影響は不必要であるばかりでなく，阻害要因になるという主張は，生物学的に偏向が見られることである。2つ目は，個人主義に価値をおく西洋的人間観をモデル化したにすぎず，普遍モデルとはいえない。3つ目は，自己実現欲求の段階に到達するためには欠乏欲求を乗り越える必要があるという欲求の序列は，構造的に困難である。

　1つ目の批判については，環境要因を無視した欲求の発展は考えにくく，人間の欲求の発展段階に違いがあるとすれば，発展の違いがもたらす社会的不平等は自然であり正しいという考えを許容する危険性があるという批判もある。また，2つ目の批判については，西洋的人間観がモデル化したことは，非西洋世界では妥当性を持ち得ないことを意味する。さらに，3つ目の批判については，欠乏欲求を満たす資金力のない者は自己実現を達成することはできないことになる。

　さらに，金井（2001）は，Maslow の欲求階層説に関して，3つの誤解を挙げている。

　1つ目の誤解は，低次の欲求ほど具体的に定義されるが，上位にいくほど，特に自己実現に至ると操作的な定義（どのような状態にあれば自己実現していることになるかの定義）が困難になってしまっている点である。2つ目の誤解は，欲求の階層性は，固定した不動の順序ではない点である。

　3つ目の誤解は，5つのカテゴリーはその数で十分か，5個もいるのかという疑問である。

　1つ目の誤解に対しては，自己実現というアイデアそのものがホーリスティック（全体論）的な概念であり，箇条書きでその特徴を多面的に記述することで定義してきたとする。2つ目の疑問に対しては，Maslow も固定的には考えていないとする。3つ目の疑問に対しては，実証主義的なアプローチを排して

きたMaslowにとっては，ホーリスティック（全体論）的な理解が必要だとする。

2.7.5　欲求階層説の課題

　前節では，消費者欲求の重要性を確認し，欲求階層説とマーケティングとの関わりと，批判点も含めて整理した。その結果，Maslow の欲求階層説に対して，サンプルや階層性についての実証面での問題，欲求が生得的なものとする主張，普遍的人間モデル，欲求の序列などの理論的枠組みの問題，それらに対する誤解が批判を招いていることが分かった。

　これらを受け，消費者の欲求の要因に具体性がなく，消費者を対象にした要因間の関係を分析した事例が見受けられないことが，先行研究の課題であると考えた。

　このように，現実の企業戦略として消費者欲求を捉える手段（ツール）での欲求階層説は，馴染み深いピラミッド図を添えて多くの局面で採用されている反面，サンプルなどの実証関連や理論的枠組みの問題を指摘されている。だが，それらのほとんどは，Maslow 自身がおこなった研究に孕む問題を提示したもので，有効性を否定するものではなかったので，むしろ具体的な実際の消費者行動を，欲求階層説を中心にして分析することによって，実証面での補足ができるのではないかと考えた。

2.7.6　欲求階層説と情報活用

　欲求階層説は，マーケティングにおける消費者行動に影響を与える要因としての動機付けとしての欲求を理解するために採用されてきた。さらに，本項においては，欲求階層説について，購買意思決定における情報活用の動機との関連について検討する。

　情報活用は，購買意思決定において，購買前に情報探索，購買時に情報処理，購買後に情報発信をおこなう。各々の段階においては，情報に接触する動機があり，その動機について欲求階層説による理解を試みる。欲求は，購買前においては購買意思決定の動機付けの，購買時には欲求の充足の，購買後においては他者からの承認を得るための原動力ともいえるので，前述した欲求階層説に

おける各々の段階において必要とされる情報活用について検討する。

　生理的欲求においては，生命の維持のための必要最小限の情報であり，最低限の健康に関する情報活用である。

　安全・安心の欲求においては，暴力や犯罪などの危険から守られていること，経済的な安定，健康な生活，衣食住に不自由しない暮らしなど，安全で安定した生活を維持するための情報活用である。

　所属と愛の欲求においては，精神的安定の基盤となるもので，他者との関係を構築，維持したいという願望から会社，家族，国家，趣味嗜好を同じくするグループやコミュニティなどの集団に関する情報活用である。

　承認の欲求においては，他者からの及び自分自身の評価を得ることのできる情報であり，投稿（Post）された情報の受け皿となり，情報発信により他者に公開される機能を利用した情報活用である。

　自己実現の欲求においては，あるべき自分になる，そして，自分の思い描く夢を実現するための方策や枠組みや実現したことが広く周知される機能に関する情報活用である。

　1章の調査でも明らかになったように，身の回りの出来事や日頃考えていること等を自ら情報発信する行動は，20歳代を中心に浸透しており，購買意思決定における欲求は，購買前の情報探索の動機付けとなるだけでなく，欲求を充足させるための購買時の製品・サービスの情報処理，購買後の他者への情報発信と，各々の段階で情報活用の動機付けになっていることが明らかになっ

図2－13　情報活用と欲求

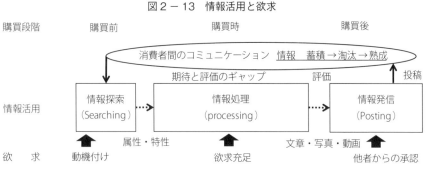

出典：筆者作成。

た。図 2 - 13 に，情報活用と欲求の関係を示す。

2.8　小　括

　本章では，消費者を取り巻く情報が経済行動である消費行動に与える影響について，先行研究をレビューし，情報が消費行動に与える影響を情報経済論から，情報，情報活用と購買意思決定プロセスとの関係をクチコミ研究及びマーケティング研究から整理した。そして，情報活用の対象となる財（製品・サービス）の特性については，サービス・マーケティング研究から，情報活用に対する欲求については動機付け理論研究から整理した。

　これらを踏まえると，購買意思決定において，購買前に情報探索，購買時に情報処理，購買後に情報発信をおこなう情報活用の各々の段階においては，情報に接触する動機があり，欲求は，購買前においては購買意思決定の動機付けの，購買時には欲求の充足の，購買後においては他者からの承認を得るための原動力となっている。

　消費者が，製品・サービスに対して感じた期待と満足度のギャップが評価となり，クチコミとして情報発信することにより，インターネット上には膨大なクチコミなどの情報が蓄積し，情報の正確さなどのチェックの役割も担う消費者間のコミュニケーションを通して，不正確な情報などは淘汰される。淘汰された情報は，再度蓄積されインターネット上にさらされることによって，再度淘汰される。この工程が繰り返されることにより，蓄積された情報は熟成されていく。この情報の蓄積，淘汰，熟成する過程が，消費者側のインターネット上に情報発信（Posting）する機能だけでなく，投稿された情報がこの過程を経た後に想定されていないマーケティング要素の存在があるのではないかと考え研究を進めた。

【注】
1) パレート最適状態となっていること。
2) Akerlof（1970）『The Market for Lemons: Quality Uncertainty and the Market Mechanism』
3) Akerlof（1970）『The Market for Lemons: Quality Uncertainty and the Market

Mechanism』

4）質の良い中古車をピーチという。

5）Michael Spence は，労働市場において，労働者が自らの有能さを使用者に証明するための学位取得に関するコストについて論じた。

6）Rothschild & Stiglitz は，保険市場において，加入者の自動車利用頻度を確認するため，保険会社が複数の割引保険を用意し，その選択の過程から明らかにする問題を論じた。

7）合接の誤謬ともいう。

8）コンコルドの誤りともいう。

9）J. B. ワトソンの S-R 理論をベースとしている。

10）Engel, Blackwell & Miniard（1995）によるモデルは，購買決定が選択・購買と消費に分割され，最後に廃棄を含めた 7 段階で説明されている。

11）「食べログ」，「ぐるなび」，「ホットペッパー」，「Retty」などがある。

12）山本（2007）は，不可分性と不安定性を挙げている。

13）Booms, B. H. & Bitner, M. J.（1981）"Marketing Strategies and Organization Structures for Service Firms." In: *Marketing of Services*, American Marketing Association, Chicago, 47-51.

14）意思決定や行動の直接の原因。

第3章

外食ビジネスにおける消費者の購買行動

　本章では，2章でレビューした先行研究をもとに抽出した研究課題を解決するため，今回採り上げる外食ビジネスにおける，インターネット上の情報活用と一連の段階を前提とした購買意思決定プロセスの関連から，消費者を取り巻く情報が経済行動である消費行動に与える影響について整理し，研究のフレームワークを提示することとする。

3.1　外食ビジネスの概要

　外食産業とは，家庭外で食事を提供するサービス業とされ，ファーストフード店やファミリーレストラン等大規模チェーン店の形式をとる外食ビジネスを指すとされる。日本標準産業分類によると，外食産業は，第3次産業の宿泊，飲食サービス業に分類されている。

　外食ビジネスが属する外食産業は，市場規模23兆9,046億円に達するといわれ，食材を提供する農業，畜産業，水産業が含まれる第一次産業，さらには，外食産業に食材を供給する食品製造業が含まれる第二次産業，スタッフによって提供されるサービス業が含まれる第三次産業をも，側面から支える総合生活産業であるとされる[1]。

　外食とは，食事を家庭外の飲食店でとることを指し，食堂やレストラン，専門店，ファーストフード店，ファミリーレストラン，喫茶店，カフェ，居酒屋など営業形態は多岐にわたる。消費形態も実用的な単身者から，家族，少人数グループ，大人数の会合まで，多目的な消費行動といえる。

3.2　外食ビジネスと情報の非対称性

　外食ビジネスは，市場において，売り手（企業）である飲食店と，その店舗を選択した買い手（消費者）としての顧客が，財（製品・サービス）であるメニューを注文し，サービスとともに料理や飲料を消費し，その対価を支払うことにより成立する。

　売り手（企業）である飲食店は，他の財（製品・サービス）と同様，財（製品・サービス）を供給（販売）する売り手は，需要（購買）する買い手よりも詳細な情報を持つので，情報優位にある（消費者は情報劣位）。特に，予期せぬ外食の場合，買い手（消費者）としての顧客は，その財（製品・サービス）の価格を決定する品質情報の量や質に関して，店舗が商業的に発した情報しか持ちえない状態となる情報劣位となり，売り手（企業）の飲食店と買い手（消費者）としての顧客との間には格差が生じた「情報の非対称性（Information Asymmetry）」が存在する。

　その情報の非対称性が大きくなると，買い手（消費者）としての顧客は，そのような店舗の選択自体を控えるようになり，市場の取引が円滑に行われなくなり，売り手（企業）の飲食店にとって，店舗が選択されない状況に陥る（市場の失敗）。

3.3　外食ビジネスにおける情報の非対称性への対応

　情報の非対称性の状態にある市場では質の悪い財，おいしくない料理や低レベルのサービスを購入する傾向の逆選択や，モラル・ハザードが生じることになるが，外食ビジネスにおいては，それらに対しては情報を正しく開示せざるを得ない自己選択（自己選抜メカニズム）が実践されている。

　例えば，料理の素材の入手ルート，生産者の情報や技術を裏付ける調理するシェフの経歴などの情報，一定のサービスを保証する資格や経験などサービス・スタッフの情報などが，売り手（企業）の飲食店から自主的に開示されている。

　また，自己選択の代表的なメカニズムとして，シグナリングとスクリーニングがあげられ，インターネット上では，飲食店検索サイトがその役割を担っている。

　売り手（企業）である店舗は，食材やシェフ，スタッフの私的情報について
より詳細な情報をインターネット上に情報公開する。インターネットという膨
大な情報の受け皿が存在することで，情報優位者である売り手（企業）である
店舗は，メニューやサービスなど財（製品・サービス）の情報を多く提示するこ
とができるようになった。それを受けて買い手（消費者）である顧客は，検索
サイトを通した情報探索を通じ，より良い質の売り手（企業）である店舗，そ
してメニューやサービスなどの財（製品・サービス）を選択することが可能にな
った。このことは，検索サイトにシグナリングの機能が備わっていることを指
すといえる。

　一方，飲食店検索サイトでは，情報探索をおこなう際に，メニューの属性や
サービスのグレードについて，買い手（消費者）である情報探索者に対し，選
択肢の選択を義務付けることにより，求める嗜好や予算，数量，質（グレード）
に関する情報を取得している。このようなインターネット上での提案を重ねる
ことにより，飲食店検索サイト上において，選択する店舗，さらにはメニュー
やサービスなどの財（製品・サービス）の絞りこみが図られているといえる。こ
のことは，対象となる財に関するインターネット上の膨大な情報を，買い手
（消費者）である情報探索者の情報処理能力やニーズに最適化するため，いくつ
かの案を提示することにより絞り込んでいくスクリーニングが検索サイト上で
行われているといえる。

3.4　外食ビジネスにおける非合理的判断

　外食ビジネスにおける非合理的判断は，鰻重の事例が代表例とされる。鰻重
は，鰻の量が3段階に設定されており「松」「竹」「梅」と上から順に価格設定
されている。一般的に高価格・高品質の製品・サービスである「松」に羨望の
眼差しが，安価に済ませたいときは低価格・低品質の製品・サービス「梅」に
目がいくが，消費者は，自らの経済状況，求める満足度のレベルを考慮し，損
失回避をおこなった結果，高価格・高品質の製品・サービスである「松」，低
価格・低品質の製品・サービスである「梅」を選択肢から排除し，中価格・中
品質の製品・サービスである「竹」を選ぶとされている。

　「松竹梅（理論）」とも呼ばれて，それは，鰻料理店の販売する鰻重（商品）のランク付けの「松・竹・梅」に由来する。鰻料理店の販売する商品は，一般的に松竹梅の3種類3段階の料金設定となっている。商品としては，ご飯の上にその土地の焼き方で焼いた鰻の蒲焼きを乗せた「鰻重」であるが，そのランク付けは，主に上に載っている鰻の蒲焼きの分量（品質）により，価格とともに鰻の蒲焼きの分量は増える。このようなランク付けは「握り寿司」のメニュー（商品）設定の，並，上，特上という料金設定にも見られ，構成上階層性をなしている。

3.5　飲食店検索サイトと情報活用

　飲食店検索サイトは，情報活用のツールとして，消費者に広く浸透している。購買前の段階において，店舗の所在地，電話番号といった基本的な店舗の情報に加え，料金・ボリュームなどの料理やメニューなどの製品・サービスの情報が探索される。購買時の情報として，クーポン券や割引など特典を利用や店舗を予約する機能も付加されている。また他者の経験からの情報として投稿されたクチコミ，入力された評価（星の数），店舗や料理の写真などを閲覧するだけでなく，自ら購買後，他者も閲覧することができる投稿（Post）できる機能が付属している。

　本章の情報の非対称性に関する先行研究から，インターネット上の情報が，特に買い手の情報処理能力を超えるなか，買い手が判断に必要な情報を属性により分類し集約した検索サイトは，売り手，買い手の双方からも，評価やクチコミ，写真などの情報を蓄積し整理したうえで，シグナリングやスクリーニングといった情報の非対称性を緩和するための役割を担うようになってきたことが明らかになった。

　インターネット上の飲食店の情報としては，売り手（企業）などからの情報を一方的に伝えるポータルサイトや，ユーザーの能動的な情報要求に対して答えを返す検索エンジンから，SNS上のツイートや書き込み，メッセージなどが挙げられるが，最も活用されているのは飲食店検索サイト[2)]である。

　飲食店検索サイトは，取引の対象となる財（製品・サービス）の詳細な内容

（スペック），価格，評価などの情報を集約し，インターネット利用者（ユーザー）に提供している。対象となる財（製品・サービス）の基本的な情報に関しては，提供する企業側が検索サイトに提供する場合と，検索サイト側が設定する場合がある。それに加え，インターネット利用者（ユーザー）のうち，その財（製品・サービス）の購買経験者は，その財である製品を使用，サービスを享受した経験から得た評価を，インターネット上のクチコミとして検索サイトに投稿し，結果蓄積していく。その蓄積した情報を，他の購買検討者は，情報探索する。飲食店検索サイトは，購買経験者と購買検討者が間接的にコミュニケーションをおこなうツールともいえる。

3.6　外食ビジネスにおけるサービス・マーケティング・ミックスと情報活用

　外食ビジネスは，市場において，売り手（企業）である飲食店が，飲食に関する製品（メニュー）とサービスを生産，提供し，買い手（消費者）が消費し，その対価を支払うことによって成立する。

3.6.1　外食ビジネスにおけるサービスの特性

　外食ビジネスは，取引の対象となる財は料理や飲料など有形性のあるものと，顧客に給仕するときのスタッフのサービスが合わさったものである。よって，サービスの持つ4つの特性，無形性，同時性，異質性，消滅性を有しているといえる。

　外食ビジネスのサービスは，快適に過ごせる時間とテーブル，椅子などの備わった飲食店の空間において，目に見えないスタッフによるサービスを提供する無形性を持つ。また，スタッフと顧客は，一緒にサービスの生産と消費をおこなう同時性から，スタッフによりサービスのレベルや質を全く均一に標準化することが難しく（異質性），時間や空間，サービスは蓄えておくことが出来ない消滅性を有している。

3.6.2　外食ビジネスにおけるマーケティング・ミックス

　購買前の段階では，売り手（企業）である飲食店は，特定の場所に店舗を構え（Place），事前に製品（Product）としてのメニューと価格（Price）を設定し，販売促進（Promotion）をおこなうとともに，食材，飲料材を調達し，顧客の注文があったときに対応できる状態まで料理を仕込む。

　次に，購買時の段階では，店舗・備品（Physical evidence）からなる空間において，予約などにより店舗を選択した顧客（参加者・Participants）を，スタッフ（参加者・Participants）の注文に応じ，調理したうえで料理や飲料（製品）を給仕するサービス過程（Process）を経て，顧客に提供する。

　そして，他の顧客（参加者）や店舗・備品（物的な環境），来店から着席までのスタッフ（参加者）の応対，料理や飲み物を選ぶプロセス（サービスを組立てるうえでのプロセス）によっても，顧客満足は大きく左右される。サービスは，スタッフと顧客によって共同生産されるものなので，飲食店側の視点として常に生産性と品質（Productivity & Quality）の改善が図られる。

3.6.3　外食ビジネスにおけるサービス・マーケティング・ミックスと 情報活用

　外食ビジネスについて，情報活用の観点からサービス・マーケティング・ミックスを整理する。

　売り手（企業）である店舗は，飲食店検索サイトを通して，消費者（買い手）に選択を促すため，メニュー（Product）や価格（Price），立地（Place）などの基本的情報に加え，シェフの属性やスタッフのサービス（People），店舗・備品（Physical evidence）など実際の購買時の利用を想定できる情報を提供（Promotion）する。さらには，購買後の行動として消費者（買い手）から情報発信された店舗の評価や感想などのクチコミの情報も閲覧できる。

　その中で，消費者（買い手）は，飲食店検索サイトが設定したいくつかの条件を選択することによって，選択肢は絞られ，最終的には1つの購買決定をおこなう。このことは，飲食店の信頼度を高める情報を提示（Promotion）することにより飲食店の信頼度を高める外食ビジネスにおける逆選択を解消するため

のシグナリングの役割を検索サイトが果たしていることを示す。

　さらには，飲食店側の視点としては，寄せられた情報をもとに，生産性と品質（Productivity & Quality）の改善をおこなう。

3.7　外食ビジネスにおける消費者の欲求と情報活用

　2章での欲求階層説に依拠すると外食の消費者欲求は次のようになる。

　生理的欲求とは，生命維持のための食事に限られ，睡眠や排泄などの本能的な欲求と同じレベルに属するが，精神，身体上良好な状態が保てていない場合は，この欲求さえも失うほどの根源的な欲求である。飲食店を利用して食事をする外食は，在宅での食事同様この欲求を根源的なもので，簡単に，なるべく早く，多く食べたい欲求である。

　安全・安心の欲求とは，飲食そのものの製品を通しての安全性，経済的安定性が保証され，飲食した結果良い健康状態を維持，すなわち精神，身体が良好な状態を維持した標準的な暮らしの水準を維持したいというもので，健康的な配慮のあるメニューで安全な食材や調味料を使用し，可視化された環境で調理したものを食したいという欲求である。

　所属と愛の欲求とは，日常生活のなかで情緒的な関係，他者に受け入れられている，どこかに所属していたいという感覚を欲しており，結果他者との関係の構築や継続する場として，飲食店を利用し，同行者だけでなく，他の利用客やスタッフと親しくなりたい，常連といわれる特別な客になりたいという欲求である。

　さらに，承認（尊重）の欲求は，自らが所属する集団から，自分自身が価値ある存在と認められ，尊重されることを求める欲求であり，他者からの尊敬，地位への渇望，名声，利権，注目を求めるもので，店舗で特別な扱いを受けたい，質のいい店舗，料理を食している姿を他者に見てほしいという欲求である。

　最後に，自己実現の欲求においては，自分の持つ能力や可能性を最大限に発揮し，具現化して自分がなり得るものにならなければならないという欲求に応えるべく，外食においては，ある特定の分野の飲食店には誰よりも詳しくなりたいと考える，店舗を利用することにより，健康やステータスなど追い求めた

ものを食したいという欲求である。

　情報活用との側面において考えると，外食に関する欲求は，先行研究のレビューから，購買前の情報探索の動機付け，購買（飲食）時の製品・サービスに対する欲求の情報処理，他者へ情報発信の承認欲求が挙げられる。

　消費者は，購買前の段階において，まず，自然発生的（内発的動機）にもしくは必要性に駆られて（外発的動機）外食に関して欲求を喚起する。そして，飲食店舗を探す（情報探索）。しかし，外食産業には，大規模なものから小規模のものまで多数の飲食店が存在しており，消費者は，地域，規模，カテゴリーからの選択を余儀なくされる。また，同行者や会合の目的により，情報探索する様子は異なる。そこで，消費者は自己の欲求を整理し，欲求を満たす対象の財（製品・サービス）を選択するので，外食に対する欲求を飲食店の情報として組織化がおこなわれる。

　次の購買時の段階においての欲求は，飲食店での消費行動を通して，その欲求を充足させようという動機付けとなる。購買前の段階において，欲求は，探索対象の財（製品・サービス）の属性として組織化された情報となるが，購買を決定（店舗選択）する中でその情報は期待となる。そして，限られた時間とその空間（店舗）において，購買（食事）を実行するなかで，期待に変化した欲求のすべてを充足しようとする動機付けとなり，その期待とのギャップを評価として構築する段階である。

　最後の購買後の行動においての欲求は，購買の実行において得た評価や感想，写真などを情報として，他者に公開される機能に対し，投稿（Post）し，情報発信することによって，承認欲求を満たす動機付けとなる。

3.8　研究のフレームワークの提示

　本章では，外食ビジネスにおいて，消費者を取り巻く情報が経済行動である消費行動に与える影響について，情報，情報活用と購買意思決定プロセスとの関係，そして，情報活用の対象となる財（製品・サービス）の特性，情報活用に対する欲求について整理した。

　外食ビジネスにおける購買意思決定においては，購買前に情報探索，購買時

に情報処理，購買後に情報発信をおこなっている。情報活用の各々の段階においては，情報に接触する動機があり，さらに，その外食の本質的な生理的な欲求から，他者との関係性，他者からの承認，自己実現まで幅広い欲求があることが分かった。そして，購買前においては購買意思決定の動機付けによる情報探索の，購買時には欲求の充足にむけて実質の消費行動の，購買後においては他者からの承認を得るための情報発信の原動力となっている。

　実質の消費行動であるサービス・エンカウンター（スタッフと顧客の接点）において，提供された料理や飲料，サービスに対して買い手（消費者）が，感じた期待と満足度のギャップが評価となり，クチコミとして情報発信される。それにより，インターネット上には膨大な評価やクチコミ，写真などの情報が蓄積し，情報の正確さなどのチェックの役割も担う消費者間のコミュニケーションを通して，不正確な情報などは淘汰される。淘汰された情報は，再度蓄積されインターネット上にさらされることによって，再度淘汰される。この工程が繰り返されることにより，蓄積された情報は熟成され，より正確性を増していく。料理やサービス，店舗に関するすべてが評価の対象となり，投稿された情報がこの過程を経た後に想定されていないマーケティング要素の存在があるのではないかと考えた。

　外食ビジネスは，インターネット上において，活発に情報活用されている。売り手（企業）としての店舗は，販売促進（Promotion）だけでなく，生産性と品質（Productivity & Quality）の維持，改善のためにも積極的な情報活用が求められている。それゆえ，買い手（消費者）の情報活用（探索・処理・発信）に着目し，一連の段階を前提とした購買意思決定プロセスを明らかにするという本論文の目的には，外食ビジネスにおいて，買い手（消費者）から情報発信された評価やクチコミなどの情報が投稿（Post）された後，蓄積，淘汰，熟成する過程を担うマーケティング要素を明らかにすることで，到達できるのではないかと考えた。

　そして，それらをまとめて本研究のフレームワークとして，図3－1に提示する。

図 3 - 1　研究のフレームワーク

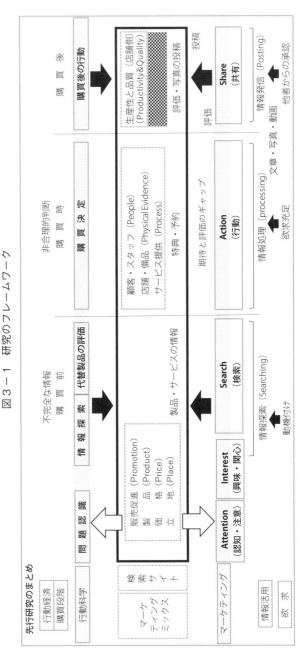

出典：筆者作成。

【注】

1）フードサービス協会　http://www.jfnet.or.jp/concept.html。

2）クチコミサイトともいう。

第4章

消費者の欲求構造の分析

　本章では，購買意思決定プロセスと情報活用（探索・処理・発信）の関係から，各々の段階における動機付けの欲求構造について分析をおこなう。情報活用との側面において考えると，外食に関する欲求は，先行研究のレビューから，購買前の情報探索の動機付け，購買（飲食）時の製品・サービスに対する欲求の情報処理，他者へ情報発信の承認欲求が挙げられる。欲求は，Maslow の欲求階層説に従うと，低次から高次にわたり，生理的欲求，安全・安心の欲求，所属と愛の欲求，承認の欲求，自己実現の欲求という5つの欲求から構成されている。外食ビジネスにおいては，これらの低次から高次にわたり広範囲な欲求を満たす幅広い財（製品・サービス）が存在して，消費者の選択肢も幅広く，広告，宣伝活動も積極的に行われ，消費者の認知度は高い。消費者は，膨大な飲食店の情報からその価格や質，内容や属性で絞り込んだ結果，欲求を満たすことができる飲食店を情報探索する。消費者は，この段階において検索サイトを使用して，膨大な飲食店の情報，消費者の情報処理能力の範囲内に絞り込むことにより最適化をおこなっている。この最適化をおこなうプロセスを分析することにより，外食ビジネスにおける消費者の欲求を明らかにすることができると考えた。

　よって，本章では，外食ビジネスにおける消費者の欲求や動機付けに関し，欲求を構成する要因を拾い上げ，その要因間の関連性についてアンケート調査を行い，欲求を明らかにした。

4.1　外食における消費者欲求（ニーズ）を構成する要因

　外食をする際，消費者はどのような欲求を内発しているのだろうか。Maslow の欲求階層説を中心に，外食における，消費者の欲求を構成する5つ

の要因を明らかにするためにインタビュー[1]を行い，アンケート調査におこなう質問項目を抽出した。

　インタビューは，低次から高次の欲求へと順に，生理的欲求，安全・安心の欲求，所属と愛の欲求，承認の欲求，自己実現の欲求という5つの欲求について，欲求階層説に関する説明とともにおこなった。インタビューから抽出した欲求の要因を，次に挙げる。

　もともと，外食という行為に関しては，家庭内の内食，中食では得られない満足感を求めるということを起点に，「家から出たい（非日常を味わいたい）」欲求を抽出した。

　生理的欲求に関しては，現実には，コンビニの弁当や牛丼，ハンバーガーなどのファーストフードなどの利用が見られ，とにかく，時間もなく「空腹を満たしたい」ときに起きる欲求を抽出した。

　安全・安心の欲求に関しては，ある程度時間をかけて，しっかりと食事をとりたいときに起きる欲求で，定食もの，セットメニューがあるもので，過去に利用してよかったところや，フランチャイズの店舗を利用する傾向がある。体に良いものが提供され，健康を維持したいという安全・安心の欲求から，バランスのとれた食事＝（自分にとって）おいしいもの（食事）を食べたいと考えており，「おいしい」という表現の中に，安全・安心に対する意味合いが含有している「おいしいものを食べたい」欲求を抽出した。

　所属と愛の欲求に関しては，食事を共にする同行者と利用するので，その相手の趣味，嗜好を尊重し，料理の内容よりも，その同行者との過ごす時間，空間を重要視する傾向にあり，「同行者と楽しい時間を過ごしたい」欲求を抽出した。

　承認の欲求に関しては，多くの「たくさんの外食経験をもつ」ことにより，「飲食に関する知識を深め」，その「料理の背景や調理法，文化をもっと知っている」，「シェフやスタッフと話ができる」存在になりたいという成長動機を前提とした欲求とともに，「周りの人からグルメ（食に通じている存在）と呼ばれたい」欲求を抽出した。

　最後に，自己実現の欲求においては，ある特定の分野の飲食店には誰よりも詳しくなりたいと考え，同行者との関わりを深めるとともに自分を高める場と

して積極的に行動し，料理の価格や質，サービスがともに高いレベルの飲食店を利用している理想の自分になりたいと思う「飲食に通じることにより，理想の自分に近づきたい」という欲求を抽出した。

　これらのインタビューから，外食に関する欲求については，1つの外食の起点となる欲求と5つの階層に対応した欲求に加え4つの成長動機を内包する欲求を抽出した。

　まず，外食の起点となる欲求として「家から出たい（非日常を味わいたい）」，5つの階層に対応した欲求について，生理的欲求は「空腹を満たしたい」，安全・安心の欲求は「おいしいものを食べたい」，所属と愛の欲求は「同行者と楽しい時間を過ごしたい」，承認の欲求は「周りの人からグルメと呼ばれたい」，自己実現の欲求は「飲食に通じることにより理想の自分に近づきたい」という欲求を抽出した。続いて，成長動機を内包する欲求として「シェフやスタッフと話がしたい」，「飲食に関する知識を深めたい」，「たくさんの外食経験を持ちたい」，「料理の背景や調理法，文化をもっと知りたい」を抽出した。これらを，次におこなうアンケートの項目として表4−1にまとめた。

　本章は，Maslow の欲求階層説に依拠して，外食ビジネスにおける消費行動の

欲求階層説による5つの欲求	
5つの欲求	抽出した欲求
自己実現	「飲食」に通じることにより，理想の自分に近づきたい
承認	周りの人から「グルメ」と呼ばれたい
所属と愛	同行者と楽しい時間を過ごしたい
安全・安心	おいしいものを食べたい
生理的	空腹を満たしたい
外食の起点	家から出たい（非日常を味わいたい）
成長動機を内包する欲求	
成長動機①	シェフやスタッフと話がしたい
成長動機②	飲食に関する知識を深めたい
成長動機③	料理の背景や調理法，文化をもっと知りたい
成長動機④	たくさんの店の外食経験を持ちたいから

出典：筆者作成。

　表4−1　インタビューから抽出した外食の欲求とアンケート質問項目

消費者の欲求の構造を明らかにするものである。ただ，先行研究でも指摘されていたように，実証に関するものと理論的枠組に関する批判がなされている。本章においては，消費者の外食における消費者欲求において，具体的な要因を抽出し，階層性の概念を外して個々の要因間の関連性を分析するために，以下の2つの仮説を構築する。仮説1は，「抽出した10の欲求は，相互に相関している」，仮説2は，「5つの階層に対応した欲求」，「外食の起点となる欲求，所属と愛の欲求において4つの成長動機を内包する欲求は相関している」を設定した。

　設定した2つの仮説を実証するために，アンケート調査を行い，外食における消費者の欲求の要因について，相関分析を通してその実証をおこなう。

4.2　アンケート調査方法及び分析手法

　抽出した外食の10の欲求に関し，アンケート調査を行い，相関分析を実施する。これは，5つの階層に対応した欲求，外食の起点となる欲求，4つの成長動機を内包する欲求と区分された3つのカテゴリーの中での相互の相関性について分析をおこなうのである。

　インターネット・アンケート[2)]を利用して平成26年2月27日にアンケートを公表し，2,409名の回答の内2,222名（男性1,105名，女性1,117名；平均年齢46.57歳，SD = 12.85）の回答を得た。

　「外食に行く理由について，あなたの考えや気持ちにもっともあてはまるものを5段階から一つ選んでください。」との設問で，表4−1に記載の抽出した項目に従い，①非常に当てはまる，②当てはまる，③どちらとも言えない，④当てはまらない，⑤まったく当てはまらない，の5つの選択肢から1つを選択する5件法によるリッカート尺度で回答を求めた。

4.3　抽出した10の欲求の相関性に関する分析

4.3.1　欲求階層説の5つの欲求についての相互の相関性

　Maslowが提唱する5つのカテゴリー，成長動機，外食の起点となる欲求をあわせた全ての10の欲求について相関分析の結果をまとめたのが次の表である。

　このうち，まず抽出した欲求階層説の5つの欲求の相互の相関分析の結果を

欲求	質問項目		生理的	安全・安心	外食	所属と愛	成長①	成長②	成長③	成長④	承認	自己実現
			空腹を満たしたい	おいしいものを食べたい	家から出たい(非日常を味わいたい)	同行者と楽しい時間を過ごしたい	シェフやスタッフと話がしたい	飲食に関する知識を深めたい	料理の背景や調理法,文化をもっと知りたい	たくさんの店の外食経験を持ちたい	周りの人から「グルメ」と呼ばれたい	「飲食」に通じることにより,理想の自分に近づきたい
生理的	空腹を満たしたい	Pearson の相関係数	1	.444	.147	.173	-.177	-.075	-.099	-.026	-.169	-.138
		有意確率(両側)		.000	.000	.000	.000	.000	.000	.215	.000	.000
		度数	2222	2222	2222	2222	2222	2222	2222	2222	2222	2222
安全安心	おいしいものを食べたい	Pearson の相関係数	.444	1	.267	.451	-.189	.015	-.041	.058	-.253	-.139
		有意確率(両側)	.000		.000	.000	.000	.471	.053	.006	.000	.000
		度数	2222	2222	2222	2222	2222	2222	2222	2222	2222	2222
外食	家から出たい(非日常を味わいたい)	Pearson の相関係数	.147	.267	1	.372	.095	.226	.203	.268	.077	.153
		有意確率(両側)	.000	.000		.000	.000	.000	.000	.000	.000	.000
		度数	2222	2222	2222	2222	2222	2222	2222	2222	2222	2222
所属と愛	同行者と楽しい時間を過ごしたい	Pearson の相関係数	.173	.451	.372	1	-.014	.123	.087	.154	-.124	-.013
		有意確率(両側)	.000	.000	.000		.517	.000	.000	.000	.000	.553
		度数	2222	2222	2222	2222	2222	2222	2222	2222	2222	2222
成長①	シェフやスタッフと話がしたい	Pearson の相関係数	-.177	-.189	.095	-.014	1	.613	.649	.432	.630	.590
		有意確率(両側)	.000	.000	.000	.517		.000	.000	.000	.000	.000
		度数	2222	2222	2222	2222	2222	2222	2222	2222	2222	2222
成長②	飲食に関する知識を深めたい	Pearson の相関係数	-.075	.015	.226	.123	.613	1	.802	.599	.541	.637
		有意確率(両側)	.000	.471	.000	.000	.000		0.000	.000	.000	.000
		度数	2222	2222	2222	2222	2222	2222	2222	2222	2222	2222
成長③	料理の背景や調理法,文化をもっと知りたい	Pearson の相関係数	-.099	-.041	.203	.087	.649	.802	1	.598	.598	.682
		有意確率(両側)	.000	.053	.000	.000	.000	0.000		.000	.000	.000
		度数	2222	2222	2222	2222	2222	2222	2222	2222	2222	2222
成長④	たくさんの店の外食経験を持ちたい	Pearson の相関係数	-.026	.058	.268	.154	.432	.599	.598	1	.553	.640
		有意確率(両側)	.215	.006	.000	.000	.000	.000	.000		.000	.000
		度数	2222	2222	2222	2222	2222	2222	2222	2222	2222	2222
承認	周りの人から「グルメ」と呼ばれたい	Pearson の相関係数	-.169	-.253	.077	-.124	.630	.541	.598	.553	1	.813
		有意確率(両側)	.000	.000	.000	.000	.000	.000	.000	.000		0.000
		度数	2222	2222	2222	2222	2222	2222	2222	2222	2222	2222
自己実現	「飲食」に通じることにより,理想の自分に近づきたい	Pearson の相関係数	-.138	-.139	.153	-.013	.590	.637	.682	.640	.813	1
		有意確率(両側)	.000	.000	.000	.553	.000	.000	.000	.000	0.000	
		度数	2222	2222	2222	2222	2222	2222	2222	2222	2222	2222

出典：筆者作成。

表4－2　消費者欲求を構成する要因と相関性の分析結果

欲求	質問項目	生理的 空腹を満たしたい	安全・安心 おいしいものを食べたい	所属と愛 同行者と楽しい時間を過ごしたい	承認 周りの人から「グルメ」と呼ばれたい	自己実現 「飲食」に通じることにより,理想の自分に近づきたい
生理的	空腹を満たしたい	—	.444**	.173	-.169**	-.138**
安全安心	おいしいものを食べたい		—	.451**	-.253**	-.139**
所属と愛	同行者と楽しい時間を過ごしたい			—	-.124**	-.013
承認	周りの人から「グルメ」と呼ばれたい				—	.813**
自己実現	「飲食」に通じることにより,理想の自分に近づきたい					—

*　相関係数は，5％水準で有意（両輪）
**　相関係数は，1％水準で有意（両輪）
　度数2222

出典：筆者作成。

表 4 － 3　抽出した欲求階層説の 5 つの欲求の相互の相関性

表 4 － 3 に示す。

　低次の欲求から見ると，まず，「空腹を満たしたい」という生理的欲求は，「おいしいものを食べたい」という安全・安心の欲求と相関しているが，他の欲求との相関は見られない。そして，「おいしいものを食べたい」という安全・安心の欲求は，「同行者と楽しい時間を過ごしたい」という所属と愛の欲求の要素との相関が見られるが，それ以上の高次の欲求とされる「周りの人からグルメと呼ばれたい」承認の欲求，「飲食に通じることにより理想の自分に近づきたい」自己実現の欲求とは相関が見られない。所属と愛の欲求も，承認の欲求や自己実現の欲求のより高次の欲求との相関は見られない。

　これに対し，「周りの人からグルメと思われたい」という承認の欲求は，「飲

食に通じることにより理想の自分に近づきたい」自己実現の欲求と高い相関を見られるものの，より低次の欲求とは，若干負の相関傾向にある。そして，最も高次の欲求とされる自己実現の欲求は，同様に承認の欲求と高い相関が見られ，承認の欲求より低次の欲求とされる所属と愛の欲求，安全・安心の欲求，生理的欲求とは，若干負の相関傾向にある。これらをまとめると，次のようなことがいえる。

　欲求階層説に則して抽出された外食の5つの欲求は，相関性の観点から生理的欲求，安全・安心の欲求，所属と愛の欲求の低次の3層と承認欲求，自己実現欲求の高次の2層の2つに大きく分けられる。低次の3層，高次の2層は各々内部的には相互に相関が見られるのに対し，低次の3層と高次の2層との2つのグループの間には，若干負の相関が見られる。それらを相関係数とともにまとめたものが次の図4－1である。

　次に，高次の2層の欲求群と4つの成長動機を内包する欲求についての相関性を分析する。

図4－1　低次の3層，高次の2層の欲求相互の相関性

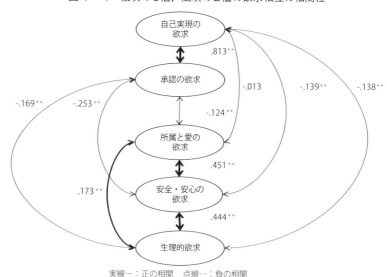

実線－：正の相関　点線…：負の相関
　＊　相関係数は，5％水準で有意（両輪）
　＊＊　相関係数は，1％水準で有意（両輪）

出典：筆者作成。

4.3.2　高次の２層の欲求と成長動機の相関性

　ここでは，「シェフやスタッフと話がしたい」，「飲食に関する知識を深めたい」，「たくさんの外食経験を持ちたい」，「料理の背景や調理法，文化をもっと知りたい」の４つの成長動機と，「周りの人からグルメと呼ばれたい」承認の欲求，「飲食に通じることにより理想の自分に近づきたい」自己実現の欲求高次の２層の欲求との関連性に関する分析をおこなう。結果を次の表４−４に示す。

　「シェフやスタッフと話がしたい」という成長動機①は，「飲食に関する知識を深めたい」，「たくさんの外食経験を持ちたい」，「料理の背景や調理法，文化をもっと知りたい」という他の３つの成長動機，「周りの人からグルメと思わ

欲求	質問項目	成長① シェフやスタッフと話がしたい	成長② 飲食に関する知識を深めたい	成長③ 料理の背景や調理法，文化をもっと知りたい	成長④ たくさんの店の外食経験を持ちたい	承認 周りの人から「グルメ」と呼ばれたい	自己実現 「飲食」に通じることにより，理想の自分に近づきたい
成長①	シェフやスタッフと話がしたい	−	.613**	.649**	.432**	.630**	.590**
成長②	飲食に関する知識を深めたい		−	.802**	.599**	.541**	.637**
成長③	料理の背景や調理法，文化をもっと知りたい			−	.598**	.598**	.682**
成長④	たくさんの店の外食経験を持ちたい				−	.553**	.640**
承認	周りの人から「グルメ」と呼ばれたい					−	.813**
自己実現	「飲食」に通じることにより，理想の自分に近づきたい						−

＊　　相関係数は，5％水準で有意（両輪）
＊＊　相関係数は，1％水準で有意（両輪）

出典：筆者作成。

表４−４　高次の２層の欲求と成長動機の相関性

れたい」という承認の欲求，さらには「飲食に通じることにより，理想の自分に近づきたい」という自己実現の欲求と相関している。

　「飲食に関する知識を深めたい」という成長動機②は，「料理の背景や調理法，文化をもっと知りたい」という成長動機③と高い相関を示し，「たくさんの店の外食経験を持ちたい」の成長動機④，「周りの人からグルメと思われたい」という承認の欲求，さらには，「飲食に通じることにより，理想の自分に近づきたい」という自己実現の欲求と相関している。

　「料理の背景や調理法，文化をもっと知りたい」という成長動機③は，「たくさんの店の外食経験を持ちたい」という成長動機④や「周りの人からグルメと思われたい」という承認の欲求と相関し，理想の自分に近づきたいという自己実現の欲求と高い相関を示している。

　これまで述べてきたように，承認の欲求と，自己実現の欲求とは高い相関を

図4－2　高次の2層の欲求と成長動機の相関図

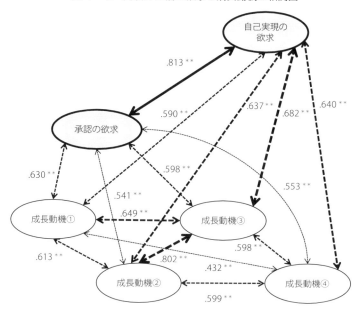

* 　相関係数は，5%水準で有意（両輪）
** 　相関係数は，1%水準で有意（両輪）

出典：筆者作成。

示しており，4つの成長動機とも，承認欲求よりも自己実現の欲求に高く相関している。これらを図4-2にまとめた。

　欲求階層説の2つの高次の層と4つの成長動機は，総じて相関性を示した。そして，4つの成長動機は，2つの高次の層のうち，より高度な「飲食に通じることにより，理想の自分に近づきたい」という自己実現の欲求に強い相関性を示した。このことにより，2つの高次の欲求には，4つの成長動機が内包しており，より高次の欲求を支える成長動機の役割が明らかになった。

　次項では，外食の起点となる動機付けと，欲求階層説の5つの欲求，成長動機との相関性について分析をおこなう。

4.3.3　外食の起点となる欲求と成長の動機，欲求との関係

　「家から出たい（非日常を味わいたい）」という外食の起点となる欲求，欲求階層説の5つの欲求と，成長動機にどのような相関が見られるのかの分析を表4-5にまとめた。

マズローの5つのカテゴリーと外食の起点となる欲求の相関性

	質問項目	生理的 空腹を満たしたい	安全・安心 おいしいものを食べたい	外食 家から出たい（非日常を味わいたい）	所属と愛 同行者と楽しい時間を過ごしたい	承認 周りの人から「グルメ」と呼ばれたい	自己実現 「飲食」に通じることにより，理想の自分に近づきたい
外食	家から出たい（非日常を味わいたい）	.147**	.267**	－	.372**	.077	.153**

成長動機と外食の起点となる欲求の相関性

	質問項目	外食 家から出たい（非日常を味わいたい）	成長① シェフやスタッフと話がしたい	成長② 飲食に関する知識を深めたい	成長③ 料理の背景や調理法，文化をもっと知りたい	成長④ たくさんの店の外食経験を持ちたい
外食	家から出たい（非日常を味わいたい）	1	.095**	.226**	.203**	.268**

*　相関係数は，5%水準で有意（両輪）
**　相関係数は，1%水準で有意（両輪）

出典：筆者作成。

表4-5　外食の起点となる欲求と5つの欲求，成長動機との相関性

　外食の起点となる欲求については，欲求階層説の５つの欲求のなかにおいて，所属と愛の欲求，安全・安心の欲求の順に低い相関，その他の欲求とは相関が見られない。これは，外食しようという動機づけとして，「おいしいものを食べたい」，「同行者と楽しい時間が過ごしたい」との欲求を満たせる場として，飲食店が選ばれていることを意味する。そして，４つの成長動機のうち「飲食に関する知識を深めたい」，「料理の背景や調理法，文化をもっと知りたい」，「たくさんの外食経験を持ちたい」，３つの動機とは，低い相関が見られる。外食の起点となる欲求は，総じて欲求階層説の５つの欲求，４つの成長動機とは相関性が低いものの，３つの低次の欲求のうち２つに相関が見られる反面，高次の欲求との相関は見られず，３つの成長動機とは低い相関が見られた。

4.4　アンケート調査の結果

　まず，先行研究を整理し，インタビューをおこなった結果から，外食における消費者欲求を Maslow の欲求階層説の５つのカテゴリーに分け，さらに，４つの成長動機の要因，外食の起点となる欲求を抽出し，アンケートをおこなった。

　Maslow の５つのカテゴリーについては，低次の３層である生理的欲求，安全・安心の欲求，所属と愛の欲求は相関し，高次の２層の欲求である承認の欲求，自己実現の欲求は高い相関を示しているが，高次と低次の欲求群の間には，若干負の相関が見られている。これにより，低次の３層と高次の２層の２つに大きく分けられることが明らかになった。

　また，高次の欲求と相関すると仮説した成長動機については，４つの成長動機は相互に相関しているが，特に，飲食に関する知識を深めたい成長動機②と料理の背景や調理法，文化をもっと知りたい成長動機③が高い相関を示している。また，４つの成長動機とも，承認欲求よりも自己実現の欲求に高く相関しているので，自己実現に向けて承認の欲求と自己実現の欲求の高い相関を支えていることが明らかになった。

　また，消費行動の開始点になる外食の起点となる欲求は，低次の安全・安心の欲求，所属と愛の欲求と低い相関が見られ，高次の欲求との相関は見られな

いものの，4つの成長動機のうち3つの成長動機とは，相関が見られた。

4.5 仮説の検証

4.5.1 消費者欲求を構成する要因（5つのカテゴリー）とその相関性

Maslow の提唱する5つのカテゴリーは，低次の3層と高次の2層の2つに大きく分けられ，低次の3層である生理的欲求，安全・安心の欲求，所属と愛の欲求は相関しており，高次の2層の欲求である承認の欲求，自己実現の欲求は高い相関が見られ，高次と低次の欲求群の間には，若干負の相関が見られることが明らかになった。

要因間の相関性においては，5つのカテゴリーがすべて相関しているものではなく，低次の欲求群と高次の欲求群の間には負の相関傾向があるので，連続性が見られない。消費経験が発達途上の消費者は，低次の欲求群を外食の要因の中心として内包する。外食経験を重ね，低次の欲求群を満たした消費者は，より高次の欲求群を外食の要因の中心として入れ替え，自己実現に向けて外食経験を重ねていく。

5つのカテゴリーについて，各々の欲求としての存在意義は明らかになった。そして5つのカテゴリーが全て相関しているわけではないが，2つのグループを形成してその中で相関していることが分かった。

4.5.2 高次の欲求と成長動機の要因の相関性に関する考察

前述したように，高次の欲求と相関すると仮説した成長動機については，4つの成長動機は相互に相関していた。特に，飲食に関する知識が深まる成長動機と料理の背景や調理法，そして文化をもっと知りたいという成長動機が高い相関を示した。また，4つの成長動機とも，承認欲求よりも自己実現の欲求に高く相関しているので，自己実現に向けて承認の欲求と自己実現の欲求の高い相関を支えていることが明らかになった。

成長動機については，飲食に関する知識を深めたい成長動機②と料理の背景や調理法，文化をもっと知りたい成長動機③が中心となり，それを実現するための欲求として，相互の相関が比較的低い，たくさんの店の外食経験を持ちた

い成長動機①とシェフやスタッフと話がしたい成長動機④に分かれている。また，成長動機が，5つのカテゴリーのうち承認の欲求よりも自己実現の欲求に相関が高いことは，自己実現という目標のためには，承認の欲求は通過点にすぎず，4つの成長動機に支えられ，承認の欲求と自己実現の欲求の高い相関を維持しているといえる。

　外食の起点となる欲求については，Maslow の5つのカテゴリーの欲求要因について，安全・安心の欲求そして所属と愛の欲求に相関が見られるが，その他のカテゴリーとは相関が見られない。生理的欲求は家庭内での内食や中食で満たすことができる。そして高次の欲求群は内包しない。しかし，成長動機にある4つの動機のうち，シェフやスタッフと話がしたい成長動機①を除く3つの動機とは，低い相関が見られ，外食の起点となる欲求には低次の欲求に相関が見られる反面，高次の欲求との相関は見られない。しかし，成長動機の要因との相関は見られており，外食の起点となる外食欲求には，表面化しないまでも3つの成長動機が内包しており，低次の欲求群と高次の欲求群の繋ぎ役を担っているといえる。

4.5.3　消費者欲求を構成する 10 の要因の相関性の検証

　アンケート結果の相関分析により，5つのカテゴリーが2つの欲求群を形成することが分かった。さらに，5つのカテゴリーと4つの成長動機，起点の欲求の関係性（類似性）を明らかにするため，消費者欲求を構成する 10 の要因による階層クラスター分析（Ward 法）をおこなった[3]。

　次に，クラスター凝集経過工程を述べる。

　第1段階で「周りの人から『グルメ』と呼ばれたい」（承認欲求）と「理想の自分に近づきたい」（自己実現欲求）が結合した。この2つは高次の欲求層である。第2段階で，「『飲食』に通じることにより，飲食に関する知識を深めたい」（成長動機②）と「料理の背景や調理法，文化をもっと知りたい」（成長動機③）が結合し，第3段階で，「シェフやスタッフと話がしたい」成長動機①が結合した。成長動機①②③が結合したので成長動機層と名付ける。第4段階で，「たくさんの店の外食経験をもちたい」（成長動機④）が2つの高次の欲求層と結合

した。第5段階で「おいしいものを食べたい」(安全・安心の欲求) と「同行者
と楽しい時間が過ごしたい」(所属と愛の欲求) の低次の欲求層が結合した。第
6段階で,成長動機層と1つの成長動機を含む高次の欲求層が結合した。第7
段階で低次の欲求層と「家から出たい (非日常を味わいたい)」(起点となる欲求)
が結合した。第8段階で,「空腹をみたしたい」(生理的欲求) と2つの低次の
欲求層が結合した。第9段階ですべてが1つに結合した。

次に,消費者欲求を構成する10の要因のクラスター凝集経過工程を樹形図
(デンドログラム) で図4-3に示した。

図4-3 10の欲求アイテムの樹形図 (デンドログラム)

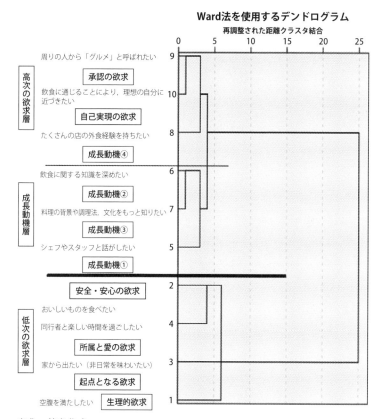

出典:筆者作成。

　低次の欲求層は，安全・安心の欲求と所属と愛の欲求が連結し，次に生理的欲求，起点となる欲求が連結し１つの低次の欲求層を形成する。また，高次の欲求層は，自己実現の欲求と承認の欲求が連結し，次にたくさんの外食経験を持ちたいという成長動機と連結する。さらに，３つの動機が形成する成長動機層が高次の欲求層と連結し１つの高次の欲求層を形成する。最終的には高次の欲求層と成長動機層，低次の欲求層が連結する。

　相関分析でも表出したとおり，５つの欲求に関するカテゴリーは，低次と高次の欲求層の２つに大きく分けられ，低次の欲求層は起点となる欲求が支え，成長動機の１つを含む高次の欲求層は３つからなる成長動機層が支えていることが分かった。

4.6　消費者欲求の構造に関する考察

　Maslow の提唱する５つのカテゴリーは，低次の３層と高次の２層の２つに大きく分けられ，高次と低次の欲求層の間には，若干負の相関が見られるので，連続性が見られない。

　５つのカテゴリーが全て相関しているわけではないが，２つのグループを形成してその中で相関している。

　グルメと思われたいという承認の欲求と，理想の自分に近づきたいという自己実現の欲求とは高い相関を示しており，４つの成長動機とも，承認欲求よりも自己実現の欲求に高く相関している。成長動機については，飲食に関する知識が深まる成長動機②と料理の背景や調理法，文化をもっと知りたい欲求③が中心となり，それを実現するための欲求として，相互の相関が比較的低い，たくさんの店の外食経験を持ちたい成長動機①とシェフやスタッフと話ができる成長動機④に分かれている。また，成長動機が，５つのカテゴリーのうち承認の欲求よりも自己実現の欲求に相関が高いことは，自己実現という目標のためには，承認の欲求は通過点にすぎず，４つの強固な成長動機に支えられ，承認の欲求と自己実現の欲求に高い相関を維持しているといえる。

　５つのカテゴリーは低次の３層の欲求群と高次の２層の欲求に分けられる。高次の欲求層は強い類似性を持つ１つの成長動機と，他の３つからなる成長動

機層に支えられている。低次の欲求層と高次の欲求層の間には連続性は無いが，外食の起点となる欲求に，3つからなる成長動機層が相関しており，低次の欲求層が満たされた段階で，内包されていた成長動機が露出し，自己実現に向けて高次の欲求層に移行していくものと考えられる。

4. 7　小　括

　本章の研究目的は，消費者欲求を構成する各要因と各々の要因間の関係性を一次データ調査により明らかにすることである。

　まず，先行研究から，人間の内なる欲求には動機があり，この動機付け理論としての欲求階層説は，マーケティングにおける購買欲求との相性がいいものの，実証面に課題があることが指摘された。次に，インタビューから，外食の消費者欲求を構成する具体的な要因を抽出し，欲求階層説を中心とした仮説を構築し，検証するためにアンケート調査をおこなった。

　アンケート調査の結果から，抽出した因子の相関分析により外食の消費者欲求を構成する5つのカテゴリーの相関性を実証した。5つのカテゴリーは，低次の3層と高次の2層の2つに大きく分けられ，さらに，高次の欲求層を支える成長動機層，低次の欲求層と高次の欲求層をつなぐ起点となる欲求の存在を確認できた。

　これらのことから，外食に関する欲求は，情報活用の推進の役割を担っていると考える。外食の起点となる欲求は，消費者の問題認識を喚起する。欲求階層説に依拠した欲求は，購買前には店舗選択時での情報探索，購買時には欲求を充足するための情報処理（購買決定），購買後はグルメになりたい承認欲求を満たす情報発信，これら3段階での動機付けをおこなうのである。

　外食ビジネス消費者の欲求について図4－4に示す。

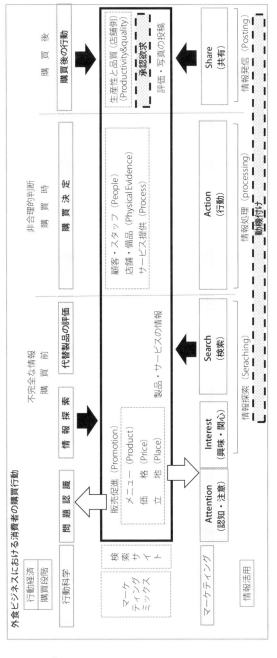

図4－4　外食ビジネス消費者の欲求

出典：筆者作成。

【注】
1）平成25年12月実施40代以上の男女2名ずつで，会社を経営するなど社会的地位
　も高く，収入もあり，飲食に対しても経験が豊富な人物に対し，外食するときの動機
　についての質問をおこなった。
2）株式会社マーケティングアプリケーションズのwebアンケートシステム。
3）

クラスタ凝集経過工程

段階	結合されたクラスタ		係数	クラスタ初出の段階		次の段階
	クラスタ1	クラスタ2		クラスタ1	クラスタ2	
1	9	10	415.602	0	0	4
2	6	7	855.949	0	0	3
3	5	6	1800.895	0	2	6
4	8	9	2857.039	0	1	6
5	2	4	4075.423	0	0	7
6	5	8	5380.735	3	4	9
7	2	3	6990.924	5	0	8
8	1	2	8765.695	0	7	9
9	1	5	14998.895	8	6	0

項目番号	カテゴリー・成長動機・起点となる欲求
1	空腹を満たしたい
2	おいしいものを食べたい
3	家から出たい（非日常を味わいたい）
4	同行者と楽しい時間を過ごせるから
5	シェフやスタッフと話がしたい
6	飲食に関する知識が深めたい
7	料理の背景や調理法，文化をもっと知りたい
8	たくさんの店の外食経験を持ちたい
9	周りの人から「グルメ」と呼ばれたい
10	「飲食」に通じることにより，理想の自分に近づきたい

第 5 章

検索サイトにおける消費者の分析

　先行研究から，インターネット上の検索サイトにおいては，売り手（店舗）自身と取引の対象とする財（製品・サービス）について，買い手（消費者）に私的情報を提供することによって売り手の信頼を得るシグナリングと，蓄積した評価の情報とともに，検索サイトは買い手に対し選択肢を提供し，選択させることにより買い手に対し，欲求を明確にしながら絞り込みをおこなうスクリーニングの役割を担っていることが分かった。そして，買い手（消費者）は，自身の購買意思決定プロセスのなかで，情報活用（探索・処理・投稿）の基盤として，インターネット上の検索サイトを利用しており，消費行動と検索サイトの利用について調査，分析することはインターネット環境を前提とした消費行動を明らかにするためにも重要であると考えた。

　特に，外食ビジネスにおいては，インターネット上の飲食店検索サイトが消費者に深く浸透しており，売り手（店舗）から提供される私的情報，営業に関する情報，店舗に関する情報，提供される財であるメニュー，価格など製品・サービスに関する情報に加え，すでに利用した消費者からのクチコミや評価，写真などが投稿され，蓄積している。飲食店検索サイトの利用者のなかでも，店舗に対する評価，クチコミ，店舗内や料理の写真，動画などを投稿する様々な消費者がいることは知られている。本章では，まず，検索サイトを利用する際のメインドライバー（主要な要因）を抽出し，次に検索サイトの利用形態を分析し，その分析結果から消費者を分類し，分析をおこなう。そして，検索サイトの有料会員サービスに関する調査をおこない，情報活用の費用負担に対する消費者意識を調査した。

5.1　検索サイトと情報ニーズ

5.1.1　検索サイトと情報

　近年，情報検索のプラットフォームとして誕生した検索サイトは，スマートフォンの普及によって利用者は増加した。消費者は，製品・サービスに関する情報を検索するにとどまらず，購買・使用した製品・サービスの評価や写真を投稿する機能が付加されることによって，クチコミなどの情報を積極的に発信するようになってきた。さらに，消費者が投稿した評価を集め，より精度の高い検索機能や購買に関する特典を利用することができる有料会員サービスも見受けられる。

　また，検索サイトは，消費者の年齢，性別，地域，職業との属性に加え，サイトの閲覧傾向や購買行動から，嗜好などといった情報を獲得する。その結果，蓄積された情報をもとに自社の販売促進に活用したり，消費者情報として他社に売買されている事例も報告されている。飲食店検索サイトでは，インターネット関連サービスを提供する楽天グループが「ぐるなび」と，ヤフーが「Retty」と，携帯電話会社auを保有するKDDIが「食べログ」を運営するカカクコムと，資本提携するなど大手企業による参入が相次ぎ，検索サイトに蓄積した消費行動に関する情報やポイント交換，予約業務の拡大が脚光を浴びている。

　飲食店検索サイトは，購買前の店舗や製品・サービスに関する情報探索機能，購買時の予約，特典などの情報処理（購買決定）機能，さらには購買後にクチコミや写真投稿などの情報発信機能などインターネット上の情報活用の基盤ととらえる一方，一連のプロセスを統合的な研究はこれまでなされてきていない。よって，本章では検索サイトにフォーカスし，利用する消費者について分析を進める。

5.1.2　意思決定プロセスの各段階における情報に対するニーズ

　先行研究において，インターネット環境が整備されたことによって，消費者の情報活用（探索・処理・発信）する機会が増大した。行動科学的な意思決定モデルにおいては，「関与のレベル（高低）で分類され，高関与の場合は，5 段階の意思決定プロセスすべて辿るのに対し，低関与の場合は，情報探索，評価は

ほとんどされずに購買決定，購買後評価をおこなう」という（Assel, 2004）。消費者と製品の関わり合いである関与の度合いに着目したこのモデルにおいては，製品・サービスに対する関与のレベル（高低）によって，個人の意思決定プロセスを分類しているが，個々のプロセスの段階における製品・サービスに関する情報ニーズには言及されていない。

　一方，マーケティングのモデルにおいては，前述した AISAS の他にも情報共有という概念が付加されている AIDEES や SIPS などがある。これらは，本来の購買に至るまでのプロセスに加え，インターネット，特にスマートフォンが登場した以降の，評価や推奨といった購買後の評価（クチコミ）の共有だけでなく，消費者間のコミュニケーションへの参加を前提としたモデルであり，購買後の行動を含んだ情報活用のニーズを網羅しているといえる。

　このように，行動科学的およびマーケティングの購買意思決定モデルのレビューを通して分かったことは，意思決定プロセスの各段階における消費者個人の情報活用のニーズ（欲求）が異なることである。それに対し，意思決定プロセスの各段階において，検索や評価（情報接触）といった情報活用のニーズ（欲求）に特徴を持った消費者群が存在するのではないかと考えた。

　よって，本章では，仮説として，「意思決定プロセスの各段階における，情報活用のニーズ（欲求）の相違により消費者を分類することができる。」を設定した。

　この仮説を実証するために，アンケート調査をおこなった。その調査方法と分析結果を，次節で述べる。

5.2　アンケート調査と結果

5.2.1　調査方法及び分析手法

　前述したように，仮説を実証するために，アンケート調査を行い，分析をおこなった。

　村本他（2003）では，「オンライン・コミュニティに属する利用者のうち，積極的に発信するのは約1割 [1] で，残り9割は情報を探索して閲覧するのみであるが，コミュニティの秩序を保つ意味では重要である」とされている。ま

た，検索サイト [2) は，インターネット上のツール（アプリ）であり，検索サイトに馴染みのない世代をも含む広い年代にわたりアンケート調査を実施するため，インターネット・アンケートを利用した [3) 結果 2,405 名（男性 1,153 名，女性 1,252 名；平均年齢 44.7 歳，標準偏差 = 15.6 歳）の回答を得た。

　調査内容は，検索サイト利用者の消費行動を分析するため，まずは，検索サイトを利用するかどうかの設問の後，検索サイトにおける操作 11 項目を [4) 抽出し，使用する操作について 2 件法にて質問した [5)。操作の内容は，購買前の 6 項目，購買時の 2 項目，購買後の 3 項目であった。

　分析は，次の 2 段階で行った。まず，実際の消費行動を明確にするため，検索サイトを利用しないと答えた集団を除いたサンプルにつき，検索サイトにおける 11 項目の変数について，相関が強いものに共通する基準を探し出すために探索的因子分析（最尤法，Promax 回転）を行い，因子を抽出した。次に，因子得点をもとにクラスター分析を実施し，クラスターを抽出した。いずれも分析ソフトについては，IBM SPSS Stastics Version 24 を使用した。

5.2.2　検索サイトの利用する際の因子（メインドライバー）の抽出

　まず，検索サイトを利用する際のメインドライバー（主要な要因）を抽出するため，探索的因子分析をおこなった。

　全体のサンプル数（2,405 人）から，「検索サイトを利用していますか」の設問に対し「いいえ」と答えた集団（1,205 人）を除いたため，「検索サイト（食べログ）利用者経験者」1,200 人を対象に，探索的因子分析をおこなった結果を表 5 - 1 にまとめた。

　因子分析の結果，因子抽出後の共通性が，0.140 と低い数値で，因子パターン行列も因子負荷量が 0.302 と低い「店舗の所在地や電話番号を調べる」の項目を除外した。固有値の変化（2.85，1.91，1.23，0.94，・・・）と因子の解釈可能性を考慮すると，ガットマン基準で 3 因子構造が妥当であると考えられた。なお，回転前の 3 因子で 11 項目の全分散を説明する割合（累積寄与率）は，54.39%（第 1 因子 25.92%，第 2 因子 17.32%，第 3 因子 11.15%）であった。

　得られた 3 つの因子は，意思決定プロセスの「購買前」，「購買時」，「購買

項目内容	I	II	III
【プロセス・購買前】			
店舗の所在地や電話番号を調べる	.302	-.108	.130
第1因子　因子名：情報探索　α信頼性係数　.736			
店舗の内装や外装を見る	.516	.063	.044
料理やメニューの内容｜料金・ボリューム｜を調べる	.529	-.140	.063
投稿された写真｜店舗・料理｜を見る。	.742	.048	-.046
入力された口コミを見る	.635	-.018	-.048
入力された評価｜星の数｜を見る	.582	.077	-.005
【プロセス・購買後】			
第2因子　因子名：評価投稿　α信頼性係数　.703			
写真を投稿する	.047	.699	-.055
口コミを投稿する	-.030	.658	.008
評価｜星の数｜を投稿する	-.038	.641	.082
【プロセス・購買時】			
第3因子　因子名：購買決定　α信頼性係数　.602			
クーポン券や割引など特典を利用する	.107	.027	.529
店舗を予約する	-.038	.014	.776

因子間相関	I	II	III
I	-	.100	.363
II	.100	-	.083
III	.363	.083	-

出典：筆者作成。

表5－1　探索的因子分析結果（最尤法，Promax 回転後の因子パターン）

後」の３つの段階にまとめられた。本章では，個々の消費者を対象とした消費者行動モデルから，因子１「情報探索」，因子２「評価投稿」，因子３「購買決定」を因子名として適用した。その理由は，操作の内容を反映し，行動科学的な消費者意思決定モデルとインターネットの存在を前提としたマーケティング視点の AISAS モデルから，「情報探索」＝「Search」，「購買決定」＝「Action」，「購買後の行動（評価・投稿）」＝「Share」との類似性が見られたので，両方の視点から今回の調査対象者の行動段階にまとめられた３つの因子を分析した。表5－1の分析結果から，信頼性を示す指標の順に従い，因子１は，「見る」，「調べる」といった操作が中心である「情報探索」＝「Search」である。因子２は，写真や口コミ，評価を投稿するという操作で構成された「評価投稿」＝「Share」である。因子３は，特典を「利用する」，店舗を「予約する」といった操作が含まれる「購買決定」＝「Action」である。因子１と因子３に若干の

相関性は見られるものの，因子２との相関性は見られず，独立している傾向が見られる。そのため，個々の消費行動からは AISAS の前提となる消費者間の相互作用（「Search」と「Share」）がなく，一方向的な作用に限られる可能性が考えられる。

5.2.3　情報活用のニーズ（欲求）の相違による消費者の分類

　次に，各段階における情報ニーズの相違による消費者の分類に関する仮説を検証する。その検証方法は，検索サイトにおける操作項目の探索的因子分析で得た「情報探索」得点，「評価投稿」得点，「購買決定」得点を用いて，Ward法によるクラスター分析で，消費者分類をおこなった。検索サイトを利用しない集団（非利用者群）1,205人（50%）を除いた1,200人を大きく分ければ，3つの因子が揃う消費者群，情報探索のみの消費者群，購買決定のみと情報探索を含む消費者群，「情報探索」因子と「購買決定」因子が希薄な消費者群の4クラスターとなる。さらに，「情報探索」因子，「購買決定」因子が希薄な消費者群から評価投稿のみが，購買決定のみと情報探索を含む消費者群から購買決定のみが独立し，6つのクラスターとなった。最終的には，すべての因子が希薄な消費者群と情報探索のみの消費者群が各々分割され，8クラスターになったが，因子分析で得た範疇を超え，細かい分類となった。ゆえに，因子分析において抽出した3つの因子がメインドライバーとして単独で表出した，6つのクラスターを採用する。図5-1にWard法を使用するデンドログラム（樹形図）を示した。

　また，意思決定プロセス尺度の「情報探索」得点，「評価投稿」得点，「購買決定」得点を用いてWard法によるクラスター分析を行い，6つのクラスターを得た。第1クラスターには415名，第2クラスターには32名，第3クラスターには462名，第4クラスターには170名，第5クラスターには61名，第6クラスターには60名の調査対象が含まれていた。人数比の偏りを検討するため$\chi 2$検定を実施したところ，有意な人数比率の偏りが見られた（$\chi 2 = 914.57$, $df = 5$, $P < .001$）。次に，得られた6つのクラスターを独立変数，「情報探索」，「評価投稿」，「購買決定」を従属変数とした分散分析を実施した。その結果，「情

図5－1　Ward 法を使用するデンドログラム（樹形図）ユークリッド距離法

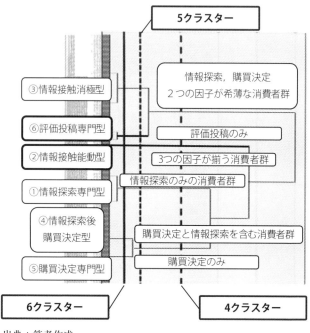

出典：筆者作成。

報探索」,「評価投稿」,「購買決定」ともに有意な群間差が見られた（情報探索：F（5，1194）＝747.81，評価投稿：F（5，1194）＝3614.09，購買決定：F（5，1194）＝1424.32，ともに P<.001）。表5－2に各群の平均値及び正負を示した。さらに，Tukey の Kramer 法（5％水準）による多重比較をおこなったところ,「情報探索」については，第3クラスター＝第5クラスター＝第6クラスター＜第1クラスター＜第4クラスター＝第2クラスター,「評価投稿」については，第3クラスター＝第5クラスター＝第1クラスター＜第4クラスター＜第6クラスター＜第2クラスター,「購買決定」については，第3クラスター＝第6クラスター＜第1クラスター＜第2クラスター＜第5クラスター＜第4クラスターという結果が得られた。

　第1クラスターは「情報探索」のみ正，第2クラスターは3つの因子が正，第3クラスターは3つの因子が負，第4クラスターは「情報探索」,「購買決定」

の2つの因子が正，第5クラスターは「購買決定」因子のみが正，第6クラスターは「評価投稿」因子のみが正の結果を得た。

よって，各プロセスの段階における情報ニーズの相違から，6つのクラスターが得られたことにより，仮説「意思決定プロセスの各段階における，情報ニーズの相違により消費者を分類することができる。」は，支持された。

各クラスターの名称については，分析の結果を鑑みて，意思決定プロセスの観点から，まず，単独の因子のみが正の場合，因子名の後に「専門」，3つの因子とも正の場合は，情報の探索及び提供，特典の利用すべてに能動的な姿勢であるために「情報接触能動」，3つの因子とも負の場合はすべてに消極的な姿勢であるために「情報接触消極」，2つの因子がある場合は，プロセスの順に因子名を記載し，その間に「後」の文言をつけ，各々の名称の後に，「型」をつけることにした。結果，第1クラスターを「情報探索専門型」，第2クラスターを「情報接触能動型」，第3クラスターを「情報接触消極型」，第4クラスターを「情報探索後購買決定型」，第5クラスターを「購買決定専門型」，第6クラスターを「評価投稿専門型」と命名し，これらの結果をまとめて表5－2において一覧にした。

	プロセス		購買前		購買後		購買時	
クラスター	消費行動特徴	n	情報探索		評価投稿		購買決定	
第1クラスター	情報探索専門型	415	+	0.67	-	-0.20	-	-0.23
第2クラスター	情報接触能動型	32	+	0.92	+	4.31	+	0.65
第3クラスター	情報接触消極型	462	-	-0.82	-	-0.26	-	-0.53
第4クラスター	情報探索後購買決定型	170	+	0.87	-	-0.09	+	1.57
第5クラスター	購買決定専門型	61	-	-0.66	-	-0.25	+	1.27
第6クラスター	評価投稿専門型	60	-	-0.56	+	1.61	-	-0.41
Tukey事後比較	合　計	1,200	3=5=6<1<4=2		3=5=1<4<6<2		3=6<1<2<5<4	

出典：筆者作成。

表5－2　飲食店検索サイトの操作項目のクラスター分析

このクラスター分析の結果，購買前（情報探索），購買後（評価投稿），購買時（購買決定）での関連性が強い正の因子に着目すると，第2クラスター「情報接触能動型」，特に「評価投稿」因子が最も強い。単体の因子との関連が強い第1，5，6クラスターを見ると，第6クラスターの「評価投稿」因子が最も関連

性が強い。また，表5－1から，「評価投稿」因子は，「情報探索」因子，「購買決定」因子との相関関係が弱いことから，第6クラスターとともに，第2クラスターも着目すべきと考える。図5－1からも，第2クラスター「情報接触能動型」と，「情報探索」因子，「購買決定」因子が希薄な消費者群から枝分かれした第6クラスター「評価投稿専門型」は，他の4つの消費者群と独立しているといえる。

5.2.4　分析結果及び考察

　検索サイトを利用する際のメインドライバーを抽出した結果，得られた3つの因子は，意思決定プロセスの「購買前」，「購買時」，「購買後」の3つの段階にまとめられ，「情報探索」，「購買決定」，「評価投稿」を因子名として適用した。このことは，情報活用の情報探索，情報処理，情報発信といった情報活用の各要素と対応しており，意思決定プロセスの各段階において，情報活用のメインドライバーとなっていることが確認できた。

　因子分析によって得た3因子によるクラスター分析によって，意思決定プロセス各段階の情報ニーズの相違により6つ消費者群（クラスター）に分類した。特に，「評価投稿」因子の含まれる「評価投稿専門型」，「情報接触能動型」の消費者群は，他の4つの消費者群と独立していることが明らかになった。

　「評価投稿専門型」は，外食に関する検索サイトを，他のSNS同様，購買決定（所有・使用）から得られた情報である写真や評価を投稿するツールとしてのみとらえている。「情報接触能動型」は，検索サイトを通じて，情報探索，特典を利用したり予約を行う購買決定，評価投稿といった，購買前，購買時，購買後のすべての段階において検索サイトの情報に能動的な接触をおこない，検索サイトを使いこなしているといえる。

　それゆえに，検索サイトにおいて，通常の検索サイトを利用する消費者群が，「情報探索」，「購買決定」をおこなうのに対し，「情報探索」，「購買決定」から独立した「評価投稿」という情報ニーズに特化した消費者が，「評価投稿専門型」と「情報接触能動型」といった消費者群を生み出していることが明らかになった。このことは，次の2つの事象を説明しているといえる。まず，情報及

び情報手段を主体的に選択し，探索，処理，発信する行動を情報活用と一括り
にしているが，各要素である情報探索，情報処理，情報発信はそれぞれ情報
ニーズが異なっている。さらに，情報活用の各要素と対応した「情報探索」，「購
買決定」，「評価投稿」のメインドライバーによって，検索サイトに対する情報
ニーズの相違が生まれ，「情報探索専門型」，「情報接触能動型」，「情報接触消
極型」，「情報探索後購買決定型」，「購買決定専門型」，「評価投稿専門型」の 6
つの消費者群を形成しているのである。

5. 2. 5　検索サイト利用における主要因子と消費者群

　上述したように，本項では，検索サイトを利用する際のメインドライバーを
抽出し，得た 3 因子によるクラスター分析によって，意思決定プロセス各段階
の情報ニーズの相違により，消費者を 6 つの消費者群（クラスター）に分類した。

　まず，検索サイトを利用する際のメインドライバー（主要な要因）は，各段
階における情報ニーズに起因し，検索サイト内でおこなう各操作を導き出すこ
とを示している。このことから，メインドライバーとして「情報探索」，「購買
決定」，「評価投稿」の 3 つの因子を抽出した。それは，購買前，購買時，購買
後の各プロセスにおいて，検索サイトに求める情報が異なることを意味する。

　次に，各プロセスの段階における情報ニーズの相違から，6 つの消費者群（ク
ラスター）が得られたことにより，仮説「意思決定プロセスの各段階における，
情報ニーズの相違により消費者を分類することができる。」が支持されたこと
は，各段階における情報ニーズの相違によって，検索サイトへのアプローチが
異なることを示している。

　これらの結果から明らかになった消費者群を，情報ニーズと意思決定プロセ
スの関係を示した図 5 − 1 に加え，図 5 − 2 にまとめた。

　本項により，「情報探索」因子と「購買決定」因子に若干の相関性は見られ
るものの，「評価投稿」因子との相関性は見られず，独立している傾向が見ら
れる。それらの因子により 6 つの消費者群（クラスター）に分類した結果，「評
価投稿」因子の含まれる「評価投稿専門型」，「情報接触能動型」の消費者群は，
他の 4 つの消費者群と独立していることが明らかになった。

図5-2 意思決定プロセスと情報ニーズの異なる消費者群

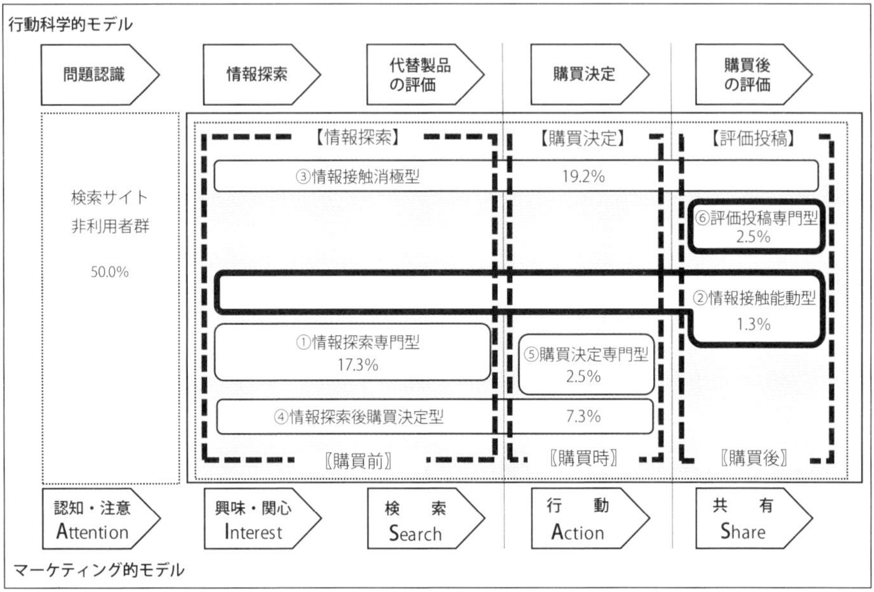

出典：筆者作成。

　「評価投稿専門型」は，外食に関する検索サイトを，写真や評価を投稿する
ツールとしてのみとらえ，「情報接触能動型」は，購買前，購買時，購買後の
すべての段階において検索サイトの情報に能動的な接触を行い，検索サイトを
使いこなしている。検索サイトをめぐり，「情報探索」，「購買決定」から独立
した「評価投稿」という情報ニーズに特化した消費者が，「評価投稿専門型」
と「情報接触能動型」といった消費者群を生み出していることが明らかになっ
た。このことは，通常の検索サイトを利用する消費者群が，店舗に関する情報
を検索（情報探索），予約や利用時の特典の利用を選択（購買決定）するのに対し，
店舗利用時の写真やコメントの投稿（評価投稿）だけを熱心におこなう消費者
群が独立して存在していることを示唆している。

5.3　職種と検索サイト利用形態の関連性
　前項では，情報ニーズの相違により消費者が検索サイトを利用（情報活用）

する際のメインドライバー（主要な要因）「情報探索」，「購買決定」，「評価投稿」
3つの因子を抽出し，クラスター分析をおこなった結果，「情報探索専門型」，
「情報接触能動型」，「情報接触消極型」，「情報探索後購買決定型」，「購買決定
専門型」，「評価投稿専門型」の6つの消費者群に分類した。

　池田（2010）は，クチコミが消費者の行動に影響を与える度合いとして，年
齢，学歴，職業（職種）などの属性や買い物圏，可処分所得などを購買に関わ
る要因として分析をおこなった。本項では，「属性によってさらに消費者を分
類できる」という仮説をたて，前項で抽出した6つの消費者群のクラスターを
もとに，属性のうち様々な職種を要因として採用し，コレスポンデンス分析を
おこなった。

5.3.1　コレスポンデンス分析

　コレスポンデンス分析は，クロス表（χ2統計量で独立性の検定をおこなう）を
基に，行と列の要素の相関係数が最大になるように数値化して次元縮約する方
法である。χ2距離法を適用するので，χ2距離は，同じ要素の2点間の距離
の2乗であり，2要素が似ているほどこの距離が小さく，離れているほどこの
値が大きくなる。このように，この距離行列に順次多次元尺度法を適用し，列
カテゴリーの次元と，行カテゴリーの次元を，同じ図上にプロットする手法で
あるので，χ2距離が大きいと2要素は離れており，小さいと同類と考えるア
ルゴリズムである。

5.3.2　抽出した6つのクラスター及び職種のクロス集計と
　　　　　コレスポンデンス分析の結果

　アンケート調査と同時に質問していた職種に関する項目と6つのクラスター
について，クロス集計をおこなったのが表5－3である。

　さらに，クロス集計表をもとにコレスポンデンス分析をおこなった。消費者
の利用形態から見出した6つのクラスター，「情報探索専門型」，「情報接触積
極型」，「情報接触消極型」，「情報探索後購買決定型」，「購買決定専門型」，「評
価投稿専門型」と，同時に質問していた属性の「公務員」，「経営者・役員」，「会

クラスター	公務員	経営者・役員	会社員(事務系)	会社員(技術系)	会社員(その他)	自営業	自由業	専業主婦	パート・アルバイト	学生	その他	合計
情報探索専門型	6	6	69	33	33	14	19	105	50	40	40	415
情報接触積極型	2	0	6	4	4	2	1	1	5	5	2	32
情報接触消極型	18	6	81	43	41	37	9	80	58	33	56	462
情報探索後購買決定型	7	4	27	15	15	6	5	38	25	17	11	170
購買決定専門型	4	5	12	3	6	3	0	6	10	3	9	61
評価投稿専門型	5	1	8	5	9	0	0	4	5	17	6	60
合　計	42	22	203	103	108	62	34	234	153	115	124	1200

出典：筆者作成。

表5−3　飲食店検索サイトの利用者の利用形態と職種に関するクロス集計表

次元	特異値	イナーシャ	カイ2乗	有意確率	イナーシャの寄与率		信頼特異値	
					説明	累積	標準偏差	相関 2
1	0.206	0.043			0.449	0.449	0.029	0.186
2	0.177	0.031			0.329	0.778	0.028	
3	0.124	0.015			0.161	0.939		
4	0.064	0.004			0.043	0.982		
5	0.041	0.002			0.018	1.000		
総計		0.095	113.705	.000 [a]	1.000	1.000		

a. 自由度50

出典：筆者作成。

表5−4　コレスポンデンス分析・固有値（イナーシャ）表

社員（事務系）」，「会社員（技術系）」，「会社員（その他）」，「自営業」，「自由業」，「専業主婦」，「パート・アルバイト」，「学生」，「その他」の11項目から選択された職種との関連性の分析をおこなった。

　独立性を検定するため$\chi 2$検定を実施したところ，有意な人数比率の偏りが見られた（$\chi 2=113.705$, df=50, P<.001）。固有値表（表5−4）に示されるように，イナーシャは固有値，特異値は固有値の平方根で行スコアと列スコアの相関係数を示しており，帰無仮説は5%有意で棄却され，次元1の寄与率44.9%，次元2を含めた累積寄与率が77.8%と，元のデータを集約していることから1次元，2次元の2つの軸が存在する（信頼特異値：0.186）と規定するのが妥当だと判断した。利用形態から分類された6つのクラスターのみを抽出し，散布図に示したのが図5−3である。

　次元1（横軸）は，「情報探索専門型」だけが正に，「評価投稿型」，「情報接

図5－3　コレスポンデンス分析における6つのクラスターの散布図

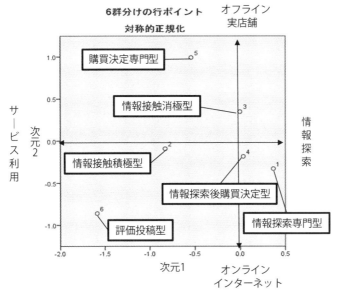

触積極型」，「購買決定専門型」が負に，「低関与」，「情報探索後購買決定型」が0にそれぞれ布置している。飲食店の情報を検索する「情報探索」の因子が正に，飲食店の評価や写真を投稿する「評価投稿」，クーポン券や割引，予約など実店舗での利用を目的とした「購買決定」の因子が負に引き寄せているので，横軸は，検索のプラットフォームとしての基本的機能を利用する「情報探索」と，「評価投稿」や「購買決定」の付加機能として設定された「サービス利用」が対立軸にあることが分かった。

　次元2（縦軸）は，「購買決定専門型」，「情報接触消極型」が正に，「情報探索後購買決定型」，「情報探索専門型」，「評価投稿型」が負に，「情報接触積極型」が0にそれぞれ布置している。クーポン券や割引，予約など実店舗での利用を目的とした「購買決定」の因子が正に，検索サイトへの積極的な利用をおこなう「評価投稿」や「情報探索」の因子が負に引き寄せているので，縦軸はインターネットとの関連性の度合いと考えられる。よって正のベクトルとして実店

106

図5－4　コレスポンデンス分析による利用形態と職種に関する散布図

行ポイントと列ポイント

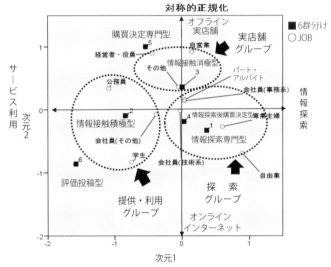

出典：筆者作成。

舗での利用に近い「オフライン・実店舗」，負の方向にはインターネット環境に密着した「オンライン・インターネット」が対立軸にあることが分かった。

　さらに，コレスポンデンス分析によって布置された職種群を組み入れた図が，図5－4である。

　コレスポンデンス分析から明らかになったことは，検索サイトの接触（オンライン）動機が基本的な機能である情報探索のみか，評価や写真などを投稿したり，クーポンや割引，予約などの付帯サービスを利用したりする軸と，インターネットとの関連性から実店舗での利用を想定したサービスであるオフラインと情報探索や評価や写真などの投稿であるオンラインとの軸の2つの軸からなる散布図から，「3つの消費者グループが存在」することである。

　まず，検索サイトの基本的な機能である「情報探索」因子を中心としたグループ①「探索グループ」である。そこには，「情報探索専門型」，「情報探索後購買決定型」の2つのクラスターが含まれ，「情報探索」に集中し，インターネット接続環境に依存した「自由業」，「情報探索専門型」により近い「専業主

婦」，少しクーポン券や割引，予約など実店舗での利用（「購買決定型」）に触れた会社員（技術系）が含まれる。

　次に，クーポン券や割引，予約など実店舗での利用に反映する「購買意思決定」と，検索サイトとの接点となる因子が少なく実店舗での利用の割合が大きくなる「情報接触消極型」を含むグループ②「実店舗グループ」には，「自営業」，「経営者・役員」，「その他」が含まれる。

　そして，とびぬけてインターネット環境との密接な繋がりを持つ「評価投稿専門型」，すべての因子を併せ持つ「情報接触積極型」を含むグループ③「（情報の）提供・（サービスの）利用グループ」には，「会社員（その他）」，「公務員」，「学生」が分類されることが明らかになった。

5.3.3　利用者の分類と属性である職種との関連性

　クラスター分析から抽出した6つのクラスターと，利用者の属性の1つである11に区分けした職種のクロス集計から実施したコレスポンデンス分析から明らかになったのは，「検索サイトへの接触（オンライン）動機が基本的な機能である情報探索のみか，もしくは評価や写真などを投稿したり，クーポンや割引，予約などの付帯サービスを利用したりする軸と，インターネットとの関連性から実店舗での利用を想定したサービスであるオフラインと情報探索や評価や写真などの投稿であるオンラインの2つの軸があることと，それらの散布図から，3つの消費者グループの存在があること」であった。3つのグループとは，情報探索のみをおこなう①「探索グループ」，クーポン券や割引，予約など実店舗での利用に反映する「購買意思決定」と，検索サイトとの接点となる因子が少なく実店舗での利用の割合が大きくなる「情報接触消極型」を含む②「実店舗グループ」，そして，とびぬけてインターネット環境との密接な繋がりを持つ「評価投稿専門型」，すべての因子を併せ持つ「情報接触積極型」を含む③「（情報の）提供・（サービスの）利用グループ」である。

5.3.4　仮説の検証

　本研究において，職種によって検索サイトにおける利用形態は異なるという

仮説をたてた。職種と，利用形態から抽出した6つのクラスターをクロス集計した結果に対しコレスポンデンス分析をおこなった結果，インターネットにおける情報との関連性から「探索グループ」，「実店舗グループ」，「提供・利用グループ」の3つに分かれた。

「情報探索−サービス利用」軸においては，「探索グループ」＞「実店舗グループ」＞「提供利用グループ」で，「オフライン−オンライン」軸においては，「実店舗グループ」＞「探索グループ」＝「提供利用グループ」となり，「探索グループ」には，「自由業」，「情報探索専門型」，「専業主婦」，「会社員（技術系）」が，「実店舗グループ」には，「自営業」，「経営者・役員」，「その他」，「提供・利用グループ」には，「会社員（その他）」，「公務員」，「学生」が分類されることから，仮説は支持されたものと考える。

5.3.5　利用者の分類と属性である職種との関連性に関する考察

今回，調査の前提とした飲食店検索サイト「食べログ」の有料会員サービスの顧客は，「情報探索」，「購買決定」，「評価・投稿」の3つの因子を併せ持った「情報接触積極型」のクラスター（32人）である。しかし，検索サイトを利用する集団の中で1.3％，検索サイトを利用しない集団を含めると0.65％と非常に少ない。サービスを受ける有料会員を増やすためには，3つの因子を併せ持った「情報接触積極型」の利用者に誘導しなければならない。

クラスターの人数から見れば，唯一2つの因子を持つ「情報探索後購買決定型」が170人と重要な位置を占めていると考える。さらには，単独の因子として「情報探索専門型」が415人と多く「情報探索」因子を軸とした利用形態の高度化への道筋が窺える。いかにして，「情報探索専門型」に「購買決定」因子を，「情報探索後購買決定型」に「評価・投稿」を持たせるように促せるのかが検索サイト側の課題であると考える。

5.4　利用者の分類別にみた有料会員の価格設定に対する意識

5.4.1　情報活用と検索サイトの有料会員の価格設定

本章では，情報活用と検索サイトの研究を進める中で，有料会員の価格設定

に対する意識を調査した。情報の経済学の理論から，主たる消費行動である外
食市場を分析すると，飲食店検索サイトは，消費者の情報検索のプラットフ
ォームの役割を担ってきたといえる。さらに，サイト運営会社が，消費者に対
しより精密な情報を提供する有料会員を設定することにより，これまで無料の
プラットフォームであったサイト運営会社と利用者の間にビジネスが発生し，
検索サイト市場が出現した。ただ依然検索サイトは，無料で利用できるプラッ
トフォームの役割を期待されており，有料会員が浸透しているとまではいえな
い。そこで，「消費者は，どのような消費行動において検索サービスを利用す
るのか。」，「有料会員として利用するのであれば，許容される経済的価値はど
れぐらいなのか。」をリサーチクエスチョンとし，「消費者は，検索サイト内に
おける消費行動の形態によって，複数の群に分類され，検索サイトの有料会員
の価格に対する意識が異なる。」という仮設をたて検証した。

5. 4. 2　アンケート調査及び分析方法

　本節において採り上げる検索サイトは，インターネット上のツールであるこ
とから，インターネット利用者に対象を絞った[6]。平成 29 年 2 月 5 日にアンケー
トを公表し，2,405 名（男性 1,153 名，女性 1,252 名；平均年齢 44.7 歳，SD = 15.6）の
回答を得た。調査内容は，検索サイト利用者の消費行動を購買プロセスの面か
ら分析するため，検索サイト「食べログ」のサイトにおける操作 11 項目を抽
出し，使用する操作を質問すると同時に，その上で CVM の手法によって，検
索サイトの有料会員に対する経済的評価をおこなった。経済的評価については，
環境の変化に対する「支払意志額（WTP）」や「受入補償額」に関する評価に
ついて，アンケートを実施・集計することにより環境価値を推定する手法であ
る仮想的市場評価法（CVM）を採用した。評価対象が幅広く，公共事業，歴史・
文化的に貴重な施設の存在価値など，あらゆる効果を対象とすることが可能と
いわれており，質問形式はダブルバウンド（二段階二肢選択方式）を採用し，2
回金額を提示，生存分析にて経済的価値を推定した。アンケートとしては，被
験者の評価対象財に対する消費経験や知識量が多様であることによる算出され
た評価額の信頼性の確保のため，「あなたは，見知らぬ土地で，重要な人の集

110

まる（失敗の許されない）食事会の場所を予約しなければならなくなりました。」
という仮定を提示したうえで，まず現実に設定されている 300 円／月を提示し，
YES の回答者に対し 500 円／月，NO の回答者に対し 100 円／月を提示した。
　分析は，前節で抽出したクラスターごとの定量的差異を調べるため，CVM
（ワイブル生存分析）を実施し，WTP の中央値を算出した結果を図 5 − 5 に示す。

図 5 − 5

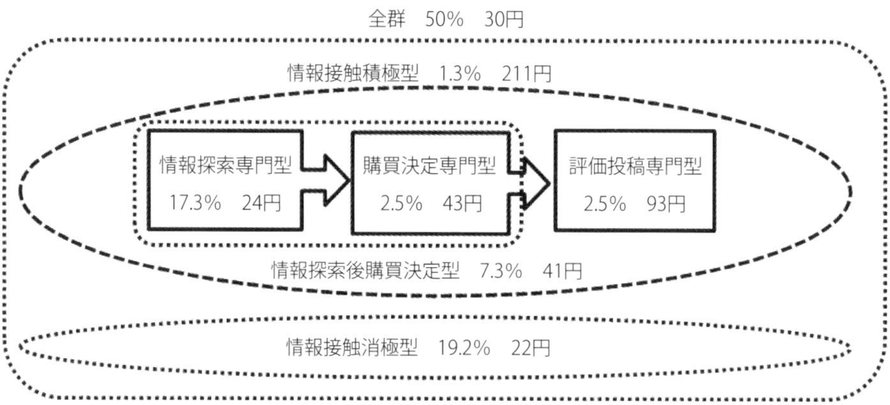

全群　50%　30円

情報接触積極型　1.3%　211円

| 情報探索専門型 17.3% 24円 | → | 購買決定専門型 2.5% 43円 | → | 評価投稿専門型 2.5% 93円 |

情報探索後購買決定型　7.3%　41円

情報接触消極型　19.2%　22円

出典：筆者作成。

5. 4. 3　分析結果

　サンプル数の多いクラスターである「情報接触消極型」（19.2%）が 22 円，「情
報探索専門型」（17.3%）が 24 円であることを考えると，「食べログ」に対して
は，飲食店検索のプラットフォームの役割のみを期待しており，実際の 300 円
に対し，20 円台前半の経済価値しか意識していない。「購買決定」の 1 因子だ
けの「購買決定専門型」が 43 円，「情報探索」と「購買決定」の 2 因子が正の「情
報探索後購買決定型」は 41 円と「購買決定」因子による若干の上昇は見られた。
特徴的なのは，「評価投稿専門型」で，「評価投稿」の 1 つの因子だけで 93 円
となり，自らの評価，写真を投稿することに比較的高い経済価値を意識してい
ることが分かった。さらに，3 つの因子が揃うと 211 円と 300 円にかなり近づ
く。これは，「情報探索」，「購買決定」，「評価投稿」という購買プロセス上す
べての局面で「食べログ」を利用していることがうかがえる。

5.4.4　仮説の実証と考察

　検索サイトの消費者分析から抽出した各々のクラスターにつき，有料会員に対する経済的評価を算出したところ，全体としては，30円であった。現在の有料会員は，ごく限られた一部の消費者を対象としたサービスと考えられる。むしろ，無料（0円）で提供してきた検索サイトのプラットフォームに，より精密な情報を提供する有料会員を設定し，月額0円に加え300円を提示することによってスクリーニングをおこなっているといえる。現時点で，有料会員サービスが市場として成り立っているのかは判断できないが，今回分類した「情報接触積極型」（1.3%）は，211円と実際の設定金額に近い金額の支払意思を示している。これからは，「情報探索後購買決定型」（7.3%）の利用者が，いかにして「評価投稿」の因子を持つようになるのかが，この有料会員市場の鍵となる。

5.4.5　小　括

　本節の目的は，外食が主となる消費行動の際に，消費者が検索サイトを利用する行動を調査・分類し，その動向を明らかにすることである。一次データ調査（アンケート）により，消費行動の因子を抽出し，その因子をもとに利用者をクラスターに分類したデータをもとに，仮想的市場評価法（CVM）により，検索サイトが提供するサービスについて経済的評価をおこなうことにより，価格への意識を明らかにした。

　本節でおこなった仮想的市場評価法（CVM）により，各群の有料会員の価格に対する経済的評価を算出した。以上より，各群を構成する因子の差異による支払意思額を分析することが可能になった。分析結果から以下のような知見が得られた。

　各々の群につき，有料会員に対する経済評価を算出したところ，全体としては，30円であったが，今回分類した「情報接触積極型」は，211円と実際の設定金額に近い金額の支払意思を示していた。1つの因子のみ正のクラスターと，3因子が負の場合の「情報接触消極型」22円と比較してみると，「情報探索後購買決定型」（1.09倍），「購買決定専門型」（1.95倍）と「評価投稿専門型」（4.22倍）となる。3因子が正である「情報接触積極型」は，3つの因子が全て集ま

ったことによる相乗効果によって，211円（9.59倍）という支払意思額が形成
されたと考えられる。これからも，評価投稿という消費行動の因子を持つクラ
スターは，飲食店検索サイトの有料会員の価格設定に対して，抵抗感が少なく，
一定の金額については許容しているといえる。今回分類した「情報接触積極型」
（1.3%）は，211円と実際の設定金額に近い金額の支払意思を示している。これ
からは，「情報探索後購買決定型」（7.3%）の利用者が，いかにして「評価投稿」
の因子を持つようになるのかが，この有料会員市場の鍵となる。

　本アンケートの中で，「情報接触積極型」の利用者が211円と実際の設定金
額300円に近い金額の支払意思を示していた。このことは，検索サイト市場の
なかで，サイト運営会社が利用者に対し，無料0円と300円の有料会員を提示
することによるスクリーニングにおいても，購買プロセスのなかで検索サイト
に深く関与している利用者の価格に対する意識は，さほど離れていないことを
示していると考える。最後に，「情報探索後購買決定型」の利用者が，いかに
して「評価投稿」の因子を持つようになるのかが，この有料会員の市場の鍵と
なると考えることができた。

【注】

1）島　浩二（2018）は，『消費行動とインターネット検索サイトとの関係性につい
　て―グルメサイト・有料会員の経済的評価』「日本産業科学学会研究論叢第23号」
　pp.1-6において実証した。
2）最も会員数，登録店舗数の多い「食べログ」を採用した。
3）株式会社マーケティングアプリケーションズのwebアンケートシステムを利用し
　て，平成29年2月5日にアンケートを公表し，実施した。
4）「あなたは，飲食店検索サイト（食べログ）でどのような操作を行いますか」の設
　問に対し，「店舗の所在地や電話番号を調べる」「店舗の内装や外装を見る」「料理や
　メニューの内容（料金・ボリューム）を調べる」「投稿された写真（店舗・料理）を
　見る」「クーポン券や割引など特典を利用する」「店舗を予約する」「入力された口コ
　ミを見る」「入力された評価（星の数）を見る」「写真を投稿する」「口コミを投稿する」
　「評価（星の数）を投稿する」の操作11項目に関し「YES」「NO」で返答を求めた。
5）積極的な利用者は全体の1割であるため，中間選択の回避を考慮した。
6）株式会社マーケティングアプリケーションズのwebアンケートシステムを利用し
　た。

第6章

情報が購買決定に与える影響についての分析

6.1　外食ビジネスにおける非合理的な意思決定

　先行研究からインターネット上に売り手（店舗），そして取引の対象となる財（製品・サービス）の情報が溢れるなかで，検索サイトは選択肢を提供し，選択させることにより買い手（消費者）に対し，欲求を明確にしながら絞り込みをおこなうスクリーニングの役割を担っていることが分かった。このことは，スマートフォンの普及によって，買い手からの感想，評価や写真などの投稿が容易になり，検索サイトが選択肢を提供する際，買い手の投稿したクチコミや写真などの情報が判断材料となり，個々の買い手の欲求を引き出しながら，選択肢の絞り込みをおこなっているといえる。

　そのなかで，はたして消費者は，合理的な意思決定をおこなっているのであろうか。外食ビジネスにおいても，鰻重の3段階の価格設定の事例が教科書的に伝授されている。本章では，行動経済学の損失回避，極端性回避の視点から，買い手（消費者）に対し，3段階の価格・品質のメニューを設定し，提示する方法，および情報によって消費者の動向がどのように変化するのか，実際のメニューを使用して，調査，分析をおこなう。

　本章では，外食ビジネスにおいて，価格や品質からなるメニューの構成が，消費者の購買意思決定に与える影響について分析をおこなうものである。

　先行研究でも示したように3つの価格・品質からなる商品の選択肢がある場合，消費者は，真ん中のランクを選択するといわれている。商品選択という消費者の経済行為を，消費者の心理的側面から論じる行動経済学においては，損失回避，極端性回避において説明されている。

　本研究においては，行動経済学において，アメリカで実証されたミノルタカ

メラの実験を参考に，価格・品質を軸としたメニュー（商品）の構成による消費者の購買意思決定への影響の調査・分析をおこなった。

6.2　研究方法と対象

　本章では，消費者選好への影響に関する研究を整理し，一次データ調査（アンケート）により，価格帯や商品からなるメニュー構成といった情報の提供が，消費者の購買意思決定に与える影響についてデータ分析をおこなう。

　まず第1に，2段階の価格・品質のメニュー（商品）構成における購買意思決定についてアンケートをおこなう。第2に，最上位の価格帯を付加した3段階の価格・品質からなるメニュー構成を提示した場合の購買についてアンケート調査をおこなう。これら2つのアンケート調査から，2段階から最上位の価格・品質を付加し，3段階のメニュー（商品）構成というアンケート内容の枠組み「フレーム」を変更したことによる消費者の購買意思決定の変化を分析する。

6.3　先行研究からの理論仮説

　先行研究から消費者の複数の選択肢から構成される製品・サービスについて，購買意思決定における傾向を整理する。高価格・高品質，低価格・低品質の2つの階層からなる商品構成を仮定すると，高価格・高品質の製品・サービスを選択する場合，低価格・低品質の製品・サービスから得た相対的満足感より，高い対価を支払った損失感の方が大きく，また，低価格・低品質の製品・サービスを選択する場合，当初想定していた価格よりも安いというお得（値打ち）感よりも，製品の機能やサービス，内容を省くことによる損失感の方が大きくなる。

　今回，複数の価格・品質によって構成される製品・サービスの提示による消費者の購買意思決定への影響を明らかにするため，次の2つの仮説を構築する。

　まず，仮説1として，消費者は，3段階の価格・品質の階層から構成される製品・サービスを提示された場合，高価格・高品質，低価格・低品質の製品・サービスは選択せず，極端な損失を回避する行動をとるために，中価格・中品

質の商品を選択する。次に，仮説 2 として，価格・品質について，2 段階，3
段階という異なった階層から構成されるフレームを提示されると，消費者選好
は変化する。以下では，この仮説を実証するために，アンケート調査を行い，
価格・品質に対する消費者選好について分析をする。

6.4　調査方法

　平成 29 年 7 月 7 日にアンケートを公表 [1] し，2,298 名（男性 1,116 名，女性
1,182 名；平均年齢 46 歳，SD = 19.2）の回答を得た。アンケートの内容としては，
まず，2 段階の価格帯の商品を提示し，どの商品を選択するのか回答を求め，
次に最上位の価格帯を付加した 3 段階の商品を提示し，どの商品を選択するの
かの回答を求める。

　実際の飲食店（インド料理店）において，700 円（低価格・低品質）と 980 円（中
価格・中品質）の 2 段階のディナー（商品）が提供されている。まずは，その 2
段階の中でその価格とメニューの内容（品質）を提示し，選択を促す。次に，
高価格・高品質の価格帯 2,980 円のディナー（商品）を組み合わせて，2 段階の
ときと同様にその価格とメニューの内容（品質）を提示し，選択を促す。その
結果より，2 段階の場合の選択行動と 3 段階の場合の選択行動の変化を分析し，
3 段階の価格・品質の商品構成により，消費者選好にどのような影響を与える
のかを検証した。

6.5　アンケート調査の結果

　2 段階，そして 3 段階の価格・品質を提示したアンケート調査の結果を表 6
- 1 に示す。

　2 段階では，700 円は 44.7 %，980 円は 43.8 %，なしは 11.5 % であった。選
択の割合でみると，51：49 で，ミノルタカメラの実験結果が 50：50 であった
のと比較すると，ほぼ同じ割合で選択された。もともと，700 円（低価格・低品
質）のメニューが，集客用の商品であったこと，980 円が 1,000 円未満の手ご
ろなメニューであったことが影響し，ミノルタカメラの実験同様の結果が得ら
れたといえる。

	価格・品質		低価格・低品質	中価格・中品質	高価格・高品質
ミノルタ カメラ	価格（単位：ドル）		166.99	239.99	466.99
	2段階・選好比率（%）	n＝106	50	50	
	3段階・選好比率（%）	n＝115	22	57	21
	価格・品質		低価格・低品質	中価格・中品質	高価格・高品質
インド 料理	価格（単位：円）		700	980	2980
	2段階・選好比率（%）	n＝2033	50.5	49.5	
	3段階・選好比率（%）	n＝2028	42.8	47.1	10.1

出典：筆者作成。

表6－1　2段階・3段階の価格・品質を提示したアンケート調査結果

　3段階では，700円は37.8%，980円は41.6%，2,980円は8.9%，なしは11.7%であった。選択の割合でみると43：47：10である。ミノルタカメラの実験結果が22：57：21で中価格・中品質の機種を選択した割合が一番多いのに対し，本アンケートにおいては，中価格・中品質のメニューが一番多いものの，低価格・低品質のメニューも若干の減少でとどまり，高価格・高品質のメニューはミノルタカメラの半分である1割程度選択されている。最上位の2,980円という価格が，他のメニューより少し離れた金額であることが影響しているといえる。2段階，3段階とも選択しないのは約12%であった。

6.6　異なったフレームを提示したことによる，消費者選好の変化

6.6.1　フレーミング効果

　Kahneman & Tversky は，ある選択肢の判断（購買意思決定）を消費者がおこなう場合，その製品・サービスに対する絶対的評価ではなく，消費者自身の自己の参照点（基準点）との対比において比較されるため，絶対評価とは異なる（非合理的）判断を導く可能性があるという効果を「フレーミング効果」と説明している。同じ製品・サービスを異なる表現で消費者に対し提示するだけで，消費者選好が変化するのである。この製品・サービスの価格や品質が提示される方法を判断や選択の「フレーム」と呼び，フレームが異なると，消費者選好が変化する（消費者が異なった判断や選択に導かれる）ことを「フレーミング

効果」という。

　先行研究にもあったミノルタカメラの実験における対象となる財は，長期に
わたって使用される比較的価格が高く購入頻度が低い製品・サービスである
耐久消費財である。それに対し，今回採り上げる飲食店におけるメニュー（食
料品・飲料）は，一度だけの使用（消費）で 1 つあたり単価が安く，購入頻度の
高いサービス財である非耐久消費財である。耐久消費財は，複数の階層から製
品・サービスが構成されていても，各々の製品・サービスは独立して生産，販
売されているのに対し，非耐久消費財は，ある一定の原材料から生産，販売さ
れるため，今回採り上げるメニュー構成は，供給する外食ビジネスの視点とし
て，消費単価に注目した。今回は，フレーミング効果によって起こる購買意思
決定の結果である，グループ間の選択比率（シェア）の変化に着目し，ミノル
タカメラの実験において選択したグループの価格との関連で算出した消費単価
の変動を検証した結果を表 6 − 2 に示す。

価格・品質		低価格・低品質	中価格・中品質	高価格・高品質	消費単価
機種		ミノルタX-370	ミノルタ3000i	ミノルタ7000i	
価格（単位：ドル）		166.99	239.99	466.99	
2 段階・選好比率（%）	n＝106	50	50		203
3 段階・選好比率（%）	n＝115	22	57	21	272
選好比率の変動（%）		56	42	−	
下位価格帯からの流入分（%）		−	49	−	
消費単価のアップ		69	ドル		33.5%

出典：筆者作成。

表 6 − 2　ミノルタカメラの実験のフレーミング効果

　2 段階の商品の選択から，既存より上位の選択肢が付加され，3 段階の商品
の選択へと異なるフレームが被験者に提示された。これにより，2 段階で低価
格・低品質を選択したグループは 56%，中価格・中品質を選択したグループ
は 42% 選択比率が減少した。また，中価格・中品質を選択したグループは，
低価格・低品質を選択したグループからの流入を受け 7 ポイント選択比率が増

加した。異なるフレームが提示されたことにより，相対的に中価格・中品質を選択したグループが一番多くなった。これらを受け，この調査における消費単価は69ドル，33.5%上昇することになった。上記は，消費者に対し，2段階から上位の選択肢が付加した3段階の選択肢（異なったフレーム）を提示した結果，消費者選好が変化し，消費単価の上昇につながるというフレーミング効果を生み出した。

6.6.2　メニュー提示によるフレーミング効果

2段階，3段階という異なったフレームを提示したことによる，消費者選好の変化について，その結果として現れる消費単価の変動についてアンケート調査の結果を表6-3にまとめた。

	価格・品質		低価格・低品質	中価格・中品質	高価格・高品質	消費単価 (単位：ドル)
ミノルタ カメラ	価格（単位：ドル）		166.99	239.99	466.99	
	2段階・選好比率（%）	n＝106	50	50		203
	3段階・選好比率（%）	n＝115	22	57	21	272
	選好比率の変動（%）		56	42	―	
	下位価格帯からの流入分（%）		―	49		
	消費単価のアップ		69 ドル			33.5%
	価格・品質		低価格・低品質	中価格・中品質	高価格・高品質	消費単価 (単位：円)
インド 料理	価格（単位：円）		700	980	2980	
	2段階・選好比率（%）	n＝2,033	50.5	49.5		839
	3段階・選好比率（%）	n＝2,028	42.8	47.1	10.1	1062
	選好比率の変動（%）		15.2	4.8	―	
	下位価格帯からの流入分（%）		―	0	―	
	消費単価のアップ		223 円			26.6%

出典：筆者作成。

表6-3　メニュー提示によるフレーミング効果

このアンケートにおいては，2段階の場合より700円（低価格・低品質）を選んだグループのうち15.2%が，980円（中価格・中品質）を選んだグループのうち4.8%が上位のメニュー（商品）を選択しているが，ミノルタカメラの実験結果では，低価格・低品質の機種を選んだグループの56%，中価格・中品質の機種を選んだグループの42%が上位の機種（商品）を選択しているのと比較す

ると選択比率の変動は低いといえる。本アンケートにおいては，選択比率の変動は少ないものの，中価格・中品質のメニューを選んだグループは流動せず，低価格・低品質のメニューを選んだグループは，中価格・中品質のメニューを飛び越え上位のメニューの選択へ移行したことがうかがえる。上記の結果，消費単価は，ミノルタカメラの実験では，69ドル33.5%，本アンケートにおいては223円と26.6%上昇した。選択した比率以上に価格が中価格・中品質のメニューの約3倍であることが影響しているといえる。

6.6.3　結果の分析

　まず，2段階の価格・品質における選択において，ミノルタカメラの実験同様均等に選択が分散された。もともと，700円（低価格・低品質）のメニューが，集客用の商品であったこと，980円が1,000円未満の手ごろなメニューであったことが影響している。

　次に，2,980円（高価格・高品質）のメニューを付加した3段階の価格・品質における選択において，ミノルタカメラの実験結果が中価格・中品質の機種を選択した割合が一番多いのに対し，本アンケートにおいては選択比率の変動は少ないものの，中価格・中品質のメニューを選んだグループは流動せず，低価格・低品質のメニューを選んだグループは，中価格・中品質のメニューを飛び越え上位のメニューの選択へ移行したことがうかがえる。最上位の2,980円という価格が，他のメニューより少し離れた金額であることが影響しているといえる。

　以上の結果，消費単価は，本アンケートにおいては223円と26.6%上昇した。

6.7　仮説の検証

6.7.1　損失の回避性と極端性回避の検証

　まず，2段階の価格・品質における選択においては，ミノルタカメラの実験同様，700円（低価格・低品質）及び980円（中価格・中品質）について均等に選択が分散された。この選択において，消費者は，980円（中価格・中品質）を選択することによって，商品から得た相対的満足感から高い対価を支払った価値

の損失感を差し引いた顧客価値を得る。また，700円（低価格・低品質）を選択することによって，当初想定していた価格よりも安いというお得（値打ち）感から，価格が安い分の品質を省くことによる損失感を差し引いた顧客価値を得る。2段階の商品の選択において，700円（低価格・低品質）と980円（中価格・中品質）各々を選択することによって得る顧客価値は同等であることが明らかになった。

　次に，2,980円（高価格・高品質）を付加した3段階の価格・品質における選択において，980円（中価格・中品質）の製品・サービスを選択比率が最も高いが，同等の比率で700円（低価格・低品質）の製品・サービスも選択されており，2,980円（高価格・高品質）の製品・サービスは，ミノルタカメラの実験以上に選択比率が低かった。これは，第1の仮説である「消費者は，3段階の価格・品質の商品を提示された場合，高価格・高品質の製品・サービスも低価格・低品質の製品・サービスも選択せず，極端な損失を回避する行動をとるために，中価格・中品質の製品・サービスを選択することになる。」という仮説については，損失の回避について，高価格・高品質の製品・サービスについては顕著に表れたものの，低価格・低品質の製品・サービスには見られなかったことを示している。

6.7.2　フレーミング効果の検証

　本アンケートにおいて，メニュー（商品）の提示する方法について，価格・品質を2段階からなるものと最上位の価格・品質を加えた3段階からなるものと，異なる「フレーム」を提供した。最上位のメニューを付加したことによる選好の移行についてみると，本アンケートにおいては，選択比率の変動は少ないものの，中価格・中品質のメニューを選んだグループは流動せず，低価格・低品質のメニューを選んだグループは，中価格・中品質のメニューを飛び越え上位のメニューの選択へ移行したことが伺える。本アンケートにおいて，これらの結果，最上位の選択の割合がミノルタカメラの実験より半数ほどと少なくなったものの，消費者選好の変化を経た結果，消費単価は，ミノルタカメラの実験では，69ドル33.5％，本アンケートにおいては223円と26.6％上昇した。

これは，価格・品質の提示を2段階から3段階にするという同じ商品を異なる構成の提示方法を用いるだけで，異なる判断や選択に導かれた消費者選好が変化する「フレーミング効果」が現れたものと考える。

6.8　結果と考察

　2段階の価格・品質における商品選択では，700円（低価格・低品質）及び980円（中価格・中品質）について均等に選択が分散されたことは，2つのメニュー（商品）選択で得られるであろう満足感から損失感を差し引いた結果，消費者が得られる顧客価値が均等だと判断されたと考えられる。より高い対価の負担という損失回避とより低い品質を購買した時の損失回避が同等と判断された結果といえる。

　次に，最上位を付加した3段階の価格帯における選択では，仮説において想定された高価格・高品質と低価格・低品質の製品・サービスは選択されないという極端性の回避は，高価格・高品質の製品・サービスにのみ表出した。ただ，本アンケートにおいては，最低位として提示した商品の価格が，対象となる消費者が回避しようとする損失の許容範囲内であったことが影響していると考えられる。仮説としては，中価格・中品質の製品・サービスの選択比率が最も高いものの，低価格・低品質の商品を選択することによる損失を回避することなく，選択比率の変動は少なかった。

　ただ，3段階のメニュー（商品）構成において，予想以上に最低位の商品が選択されることになったことは，飲食店の製品・サービスの非耐久消費財としての特徴が出たものと考えられる。非耐久消費財の特徴としては，まず，価格が安価であること，購買から再購買までの時間が短いことが挙げられる。価格が安価であるがゆえに，今回の損失は次回の購買で取り戻せる範疇の購買行動であり，次回の購買の際には，経験的情報を重視するなど綿密な情報探索行動の上購買意思決定をおこなう。また，そもそも店舗の中においても，購買意思決定に与えられた時間はごく僅かであり，制限時間の影響により，省力的なプロセスによって購買意思決定はおこなわれ（Dhar, Nowlis, & Sherman, 2000），特に低価格・低品質の商品を選択することによる損失を回避する傾向が表出しな

かったと考えられる。

　ただ，これらの結果を飲食店（企業）サイドのマーケティングの視点から考慮した場合は，まだ高価格・高品質な消費者のニーズが隠れていることを意味する。さらに，実店舗に存在する商品の中で，最も店舗（企業）として，消費者に販売したい中価格・中品質の商品よりも，価格の高い，品質の良い商品を提示することにより，消費単価が22.6％上がることは実証された。このことは，比較的安価な商品を取り扱い，限定されない消費者を対象にしている業種である外食ビジネスにおいては，貴重な指標であり，一定のメニューで支持を受けたうえで，さらに増収・グレードアップを図ることを目指す飲食店においては，貴重な知見が得ることができたと考える。

　外食ビジネス業界にとっては，一定の均衡の取れた需給関係，顧客との関係を維持し，マネジメントを安定させるマーケティングを体現するためには，一層の増収・グレードアップの努力が求められることが消費者の購買意思決定のアンケートを通じて明らかにできた。

6.9　小　括

　本章では，消費者の最も身近で日常的な外食に焦点をあて，一次データ調査（アンケート）により，価格や品質といったメニュー（商品）の構成が，消費者の購買意思決定に与える影響についてデータ分析をおこなった。

　行動経済学における消費者選好の傾向として，製品・サービスの購買によって得られる満足度よりも，価格の負担に対し強く評価を行う損失回避性，3段階の価格・品質の選択肢がある場合，両極端である高価格・高品質の製品・サービス，低価格・低品質の製品・サービスを損失回避の観点から排除し，中間の選択肢が選ばれやすくなる極端性回避の心理を整理し，結果表出する妥協効果を分析するとともに，消費者に提示する価格や品質といったフレームが消費者選好に影響を及ぼすフレーミング効果を確認した。

　分析結果から以下のような知見が得られた。第一に，2つのメニュー（商品）を選択する場合，より高い対価の負担という損失回避とより低い品質を購買した時の損失回避が同等と判断されれば，その選択比率も均等になることであ

る。消費者は，複数の価格帯の商品の選択においては，各々の商品選択で得られるであろう満足感から損失感を差し引いた結果，消費者が得られる顧客価値が同等であれば，その選択比率も同等になることが明らかになった。第二に，2段階の価格帯の商品の選択においては，顧客価値を相対的に比較することにより商品を選択するのに対し，3段階の価格帯の商品を提示された場合，極端性回避の傾向が，最高位の価格・品質に対しては顕著に表れるが，最低位の価格・品質に対しては，見られなかった。飲食店におけるメニュー選択という，購買意思決定に与えられた時間はごく僅かであり，制限時間の影響により，省力的なプロセスによって購買意思決定はおこなわれ，最低位の価格・品質に対しては妥協効果が見られないことが明らかになった。これらのことから，ミノルタカメラの実験が，耐久消費財を対象として，損失回避，極端性回避の心理を整理し，結果表出する妥協効果を分析しているのに対し，今回の研究によって，外食ビジネスのメニューという非耐久消費財に対する購買意思決定への影響について分析し，購買意思決定の財によっても妥協効果の現れ方の相違を確認できたことは，理論的貢献といえる。

　さらに，本アンケートの中で，選択比率の変動は少ないものの，中価格・中品質のメニューを選んだグループは流動せず，低価格・低品質のメニューを選んだグループは，中価格・中品質のメニューを飛び越え上位のメニューの選択へ移行したことがうかがえたことは，価格・品質の提示を2段階から3段階にするという，同じ商品を違う表現にするだけで，異なる判断や選択に導かれた消費者選好が変化する「フレーミング効果」が現れたものと考える。最後に，これを受けて消費単価が26.6%上がったことは，消費者選好の変化が，企業が欲する消費単価に影響することにまで言及できた。外食ビジネスにとって，一定の均衡の取れた需給関係，顧客との関係を維持し，持続的なマネジメントを安定させるマーケティングを体現するためには，一層の増収・グレードアップの努力が求められることが消費者の購買意思決定のアンケートを通じて明らかにできた。

　田中（2008）も，「（消費者は）選択の提示の仕方に左右されず，客観的により正しいと思われる選択をしているはずだが実際はそうではない。」と指摘して

いる。さらに，この現象は，消費者による選択行動は，選択が提示された状況「フレーム」に依存しており，価格への判断は相対的なものであるとしている。数字によって表せる価格に対しては相対的に判断をしながらも，提示された状況「フレーム」によって合理的な判断ができないことが，本研究でも明らかになったといえる。

【注】
1）株式会社マーケティングアプリケーションズの web アンケートシステムを利用した。

第7章

サービスの評価構造の分析

7.1 外食ビジネスにおける情報活用と評価

　本研究の主たるテーマでもある情報活用の側面からは，スマートフォンの普及により，店舗は自社の料理やサービスについて情報提供（Promotion）し，消費者はクチコミ，評価や写真，動画などの情報を投稿（Post）することが容易になった。例えば，料理に関しては，購買後の使用を通じた評価や実際の使用時の写真を，サービスに関しては提供過程（Process）の中での感想やクチコミを評価として，それぞれインターネット上に投稿する。そして，他の消費者の情報探索のときには，店舗の提供する情報と，他者が投稿した感想やクチコミなどの評価や写真などの情報と合わせて比較検討し，購買意思決定をおこなう。外食ビジネスにおいて，消費者は利用経験のない店舗に関する情報を持たず情報の非対称性が顕著であるため，他者の利用経験に裏付けられたクチコミなどの評価は，プロセスの代替製品の評価（比較検討）の段階においても重要な情報源である。

　先行研究では，情報活用とサービス・マーケティング・ミックスとの関連からサービス過程（Process）によって，感じた期待と満足度のギャップが評価につながり，クチコミとして情報発信の情報源となることが明らかになった。本章では，そのサービスの評価方法についての研究を採り上げる。外食ビジネスの取り扱う財である製品やサービスを評価する要素について，サービス・マーケティングの視点から分析をおこなう。クチコミの情報源となるサービスに対する評価は，どのような構造をもつのかということを解明することは非常に有意義である。そこで，本章では，情報活用との関連性から消費者の飲食店に対するサービス評価概念の構造的特徴を明らかにすることを目的とする。

7.2 アンケート調査

7.2.1 サービスの品質の評価指標

　店舗のサービス評価に関する研究に，Parasuraman, Zeithaml and Berry によって構築された SERVQUAL モデルがある。SERVQUAL とは，サービス（Service）と品質（Quality）を組み合わせた造語からなるサービスの品質評価手法[1] の一種で，サービスの品質を向上させるために開発された。SERVQUAL は，消費者によって知覚されたサービス品質を「知覚と期待のギャップ」と定義し，定性的なサービス品質を定量的な尺度を用いて測定する品質評価手法とされる。SERVQUAL のサービス品質を判断する基準は，有形性，信頼性，反応性，確実性，共感性の5つから構成されている。

　店舗内の設備，備品やスタッフの外見，コミュニケーション資料などの物理的なサービスの品質は有形性として，店舗により顧客に対して約束されたサービスが確実にかつ正確に遂行されているかは信頼性として，顧客の役に立ち，自主的かつ速やかにサービスを提供しているかは反応性として，まとめられている。さらに，顧客の利益を優先した誠実な対応をしているか，サービス提供に必要な技能や知識を備え信頼と安心を与えているかは確実性として，顧客とのコミュニケーション，一人ひとりに対する気遣い，特に顧客への関心や配慮が行き届いているかは共感性として整理されている。

7.2.2 アンケート調査

　本研究においては，実際に飲食店[2] を訪れた利用者127名に対し，まずは満足度等の総合評価を確認したうえで，この SERVQUAL のフレームを活用しモデルに定められた22項目についてアンケート調査を実施した[3]。なお，回答方法は，実店舗のサービスの評価について「全く当てはまらない」から「非常にあてはまる」までの7件法にて設定した。質問した22項目[4] は図7-1に示す。

図 7 - 1　SERVQUAL によるサービスの評価指標（設問項目）

サービス特性		設問項目
信頼性	Q1	お客様からのご予約の際，お受けしたご要望にきちんと対応している。
	Q2	お客様が不都合や不便を感じたとき，心からの関心をもって手助けしてくれる。
	Q3	お客様に対して，はじめから正確にサービスを提供している。
	Q4	お客様のご予約の時間通りにサービスを提供している。
	Q5	お客様のご要望や過去の利用において起こった出来事などを，運営に反映している。
反応性	Q6	いつどのような料理やサービスが提供されるか，お客様に正確にお伝えできる。
	Q7	お客様に対し臨機応変なサービスを提供している。
	Q8	いつでも進んでお客様の手助けを行う。
	Q9	時間に追われることなく，お客様のご要望に応えている。
確信性	Q10	お客様に信頼感を与えている。
	Q11	お客様は，安心感を持っている。
	Q12	お客様に対し，礼儀正しく接している。
	Q13	お客様からの質問に答えることのできる，充分な知識を持っている。
共感性	Q14	お客様にそれぞれ個別の目配りをしている。
	Q15	お客様に直接のスタッフを通した目配りをしている。
	Q16	お客様ごとのさまざまなご要望を理解している。
	Q17	お客様が最も興味のある事柄を，理解している。
	Q18	全てのお客様にとって便利な営業時間を採用している。
有形性	Q19	最新のかつ快適な設備・備品を備えている。
	Q20	店舗内の設備・備品は，外見上魅力的である。
	Q21	提供するサービス，スタッフの身なりや態度，衛生面も洗練されている。
	Q22	サービスと関連するグラスやナイフ，皿など飲食に関する備品は，よく工夫され，見栄えがよい。

出典：筆者作成。

7.3　分析結果

7.3.1　各評価の構成比

　まず，総合的な満足度や各サービスに対する評価の内訳を確認した結果は図
7 - 2 に示す。

図７－２　各評価の内訳（構成）

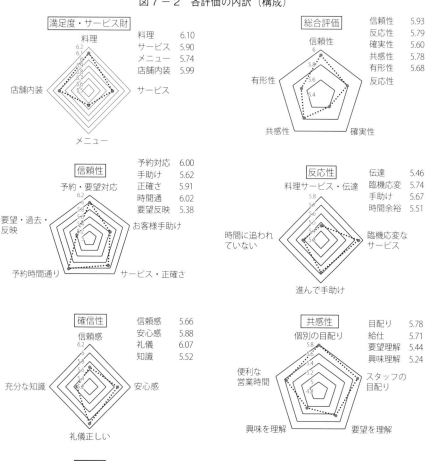

満足度・サービス財	
料理	6.10
サービス	5.90
メニュー	5.74
店舗内装	5.99

総合評価	
信頼性	5.93
反応性	5.79
確実性	5.60
共感性	5.78
有形性	5.68

信頼性	
予約対応	6.00
手助け	5.62
正確さ	5.91
時間通	6.02
要望反映	5.38

反応性	
伝達	5.46
臨機応変	5.74
手助け	5.67
時間余裕	5.51

確信性	
信頼感	5.66
安心感	5.88
礼儀	6.07
知識	5.52

共感性	
目配り	5.78
給仕	5.71
要望理解	5.44
興味理解	5.24

有形性	
快適設備	5.62
外見魅力	5.29
衛生態度	5.93
見栄え	5.87

出典：筆者作成。

満足度に関しては，平均5.93に対し，料理6.10，店舗内装5.99と概ね良好なものの，サービスが5.90，メニューが5.74と低い。サービスの総合評価においては，平均が5.76に対し，信頼性が5.93と最も高く，反応性が5.79，共感性が5.78，そして有形性5.68，確実性5.60と続いた。また，各評価においては，評価の高い点に着目すると，有形性は，店舗の設備・備品，信頼性は，要望への対応や手助け，反応性は料理やサービスの内容伝達や時間管理，確実性は十分な知識や信頼感，共感性は興味や要望への理解などが挙げられた。これらの結果から，満足度については，料理や店舗内装については高く評価されていた。一方，サービスに関しては，当初よりパート・アルバイト対応であったため，低評価であることは想定内と考えられるものの，メニューに関しては，改善の余地があると考えられる。おそらく，サービスの総合評価としては，専属の社員が不在な状態でも一定の評価を得ている。このことは，製品・サービスの有形性かつ無形性の要素が構造的に機能した結果，製品としての料理に対する評価が下支えとなり，顧客に対するサービス・スタッフの反応性が顧客との共感性を生み，評価に結びついていると考えられる。さらに，メニューに関しては，スタッフによる伝達方法，サービスに関しては，スタッフによる顧客への問い掛けに関する改善点が急務だと考えられる。サービス消費の第一義的目的である「結果」の側面である信頼性で評価されたことは，飲食店におけるサービス評価については一定の評価を得ていることを示しているといえる。

7.3.2　因子分析および共分散構造分析の結果

評価測定法の想定通りの5つのサービス品質の評価尺度の5因子構造となることを確かめるために，SERVQUALのフレームに沿って得られたデータから，最尤法による確認的因子分析[5]および共分散構造分析を実施した[6]。

まず確認的因子の結果，サービスの評価概念がサービス品質の要素として挙げている信頼性・反応性・確実性・有形性・共感性の5つが確認できた。これらは，詳しく述べると，設問番号1，2，3，4，5は「信頼性」因子，設問番号6，7，8，9は「反応性」因子，設問番号10，11，12，13は「確実性」

因子，設問番号 14，15，16，17，18 は「共感性」因子，設問番号 19，20，21，22 は「有形性」因子で，それぞれ大きな因子負荷量を示した。このことは，サービスの評価が，事前の想定通りの 5 つのサービス品質の評価尺度のまま，5 因子構造となったことを意味する。また，因子として採用したサービスの 5 つの特性についてみると，総じて高い相関を示しており，「反応性」と「信頼性」，「反応性」と「確実性」がもっとも高い相関 0.97 を示している。逆に「信頼性」と「有形性」は，0.84 の比較的低い相関を示している。「有形性」と他の 4 つの因子との相関が若干低いことは，「反応性」，「信頼性」，「反応性」，「確実性」がスタッフによる人的サービスに依拠しているものであるからといえる。

　5 つのサービス品質の評価尺度と 22 の個別のサービス項目との関係においては，信頼性においては「正確さ」，「手助け」が，反応性においては「進んで」「臨機応変」が，確実性においては「信頼感」，「安心感」が強い影響度を示している。また，有形性においては「身なり態度衛生面」，「設備・備品」，「飲食備品工夫見栄え」が，共感性においては「スタッフ目配り」「個別目配り」が強い影響度を示している。

　表 7 - 1 に，分析結果を示す。

　すべての標準化係数の推定値が有意であった。標準化推定値が，－1.00 から+1.00 の範囲内であった。RMSEA は，0.10 以上なので適合が良いとはいえない。

　このように，5 つのサービス品質の評価尺度が，サービス品質の評価に及ぼす影響を検討するために，共分散構造分析によるパス解析をおこなった結果について図 7 - 3 に最終的なモデルを示す。

因子	設問番号	信頼性 $\alpha=.920$	反応性 $\alpha=.904$	確実性 $\alpha=.905$	共感性 $\alpha=.923$	有形性 $\alpha=.914$
信頼性 $\alpha=.920$	1．要望過去反映	.797				
	2．時間通り	.814				
	3．正確さ	.910				
	4．手助け	.896				
	5．予約対応	.763				
反応性 $\alpha=.904$	6．事前伝達		.711			
	7．進んで		.930			
	8．臨機応変		.922			
	9．要望対応		.821			
確実性 $\alpha=.905$	10．知識			.779		
	11．礼儀			.853		
	12．安心感			.862		
	13．信頼感			.908		
共感性 $\alpha=.923$	14．個別目配り				.897	
	15．スタッフ目配り				.925	
	16．要望理解				.785	
	17．興味理解				.794	
	18．営業時間				.799	
有形性 $\alpha=.914$	19．設備・備品					.858
	20．外見上魅力					.805
	21．身なり態度衛生面					.908
	22．飲食備品工夫見栄え					.852

因子相関	信頼性	反応性	確実性	共感性	有形性
信頼性	—	.970	.875	.836	.918
反応性		—	.971	.888	.953
確実性			—	.931	.893
共感性				—	.899
有形性					—

α はクロンバックのアルファ（信頼性）係数

※ $\chi2 = 576.998$, df $= 199$, p $< .001$,　GFI $= .708$, AGFI $= .629$, RMSEA $= .131$, AIC $= 684.998$

出典：筆者作成。

表 7 － 1　確認的因子分析および共分散構造分析結果（標準化推定値）

図7−3　パス解析の結果

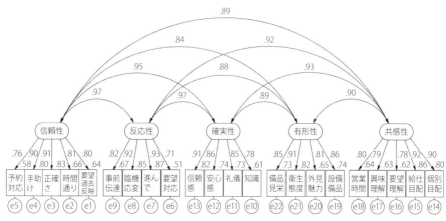

出典：筆者作成。

7.4　小　括

　サービスの品質を向上させるために生み出された品質評価手法として
SERVQUAL モデルは有形性・信頼性・反応性・確実性・共感性から設定され
た5つの測定項目から構成されている。今回の調査において，外食ビジネスに
おいてもこれら5つの測定項目が確認的因子として確認できた。

　さらに，それら5つの測定項目について外食ビジネスにおける相関を示せた
ことは，本調査の理論的インプリケーションといえる。さらにこれらの結果は
実務面に応用が可能である。すなわち，店舗内の設備，備品やスタッフの外見
などの物理的なサービスの品質は有形性として，店舗により顧客に対して約束
されたサービスが確実に遂行されているかは信頼性として，自主的かつ速やか
にサービスを提供しているかは反応性としてまとめられている。さらに，顧客
の利益を優先した誠実な対応をしているか，サービス提供に必要な技能や知識
を備えているかは確実性として，顧客とのコミュニケーション，特に顧客への
関心や配慮が行き届いているかは共感性として整理されている。これらは，今
後，飲食店が顧客に対するサービスを生産性と品質（Productivity & Quality）の
側面から改善していくうえで，重要なフレームとなる。ゆえに，顧客がサービ
ス過程（Process）で，製品・サービスに対して抱いた期待とのギャップの評価

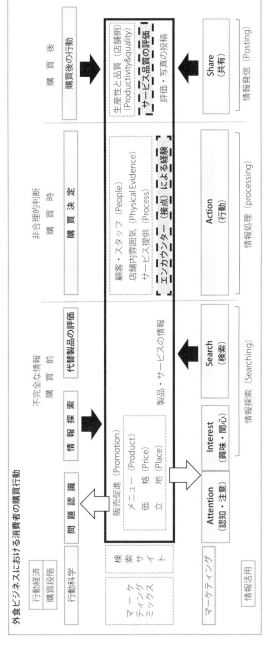

図7－4　外食における評価要因の構造分析

出典：筆者作成。

134

やクチコミは，飲食店としても重要な情報源であるといえる。

　SERVQUAL のフレームを飲食店に適用した調査であったものの，店のスタイル，規模や顧客層によっては，現実と合致しない点も見受けられた[7]。これらは時期や規模などの環境により変化するため，サービス構築における理論的かつ実践的な研究の継続は，マーケティングを研究するうえで今後も不可欠である。

　本章において分析をおこなった箇所を，図7－4に示す。

　売り手（店舗）にとって，購買前の期待と購買後の評価とのギャップから生まれる顧客の満足度を上げることは，売上の向上のための責務である。目の前の買い手（消費者）の満足度は，その再度の購買（リピート）につながることが期待され，また，サービス過程（Process）を通して得た SERVQUAL による評価は，投稿（Post）されることにより，消費者群の中で共有され，その買い手（消費者）によるインターネット上への情報発信（Posting）によるクチコミによる拡散は，他者の購買意思決定に，強く影響を及ぼすからである。

【注】
1）サービスを向上させるための品質評価手法として，1988 年に提唱された。調査項目は，医療や図書館などの公的サービスにおいても実践されている。
2）三重県志摩市に所在するフレンチ食堂「ノルポル」でおこなった。
3）調査票を 127 名から回収し，回答内容の欠損等を考慮し 112 名を集計対象とした。徒歩圏，主要駅周辺が 66%，同一県内で 86% と地域密着型，男女比 18：82 で女性中心，年齢層については，50 代以上で 53%，40 代以上で 75%，かなり年齢層が高い。
4）有形性については，本来 1 番目の設問であるが，以降の設問に影響が出ることが想定されたため，最後尾に移動した。重要視される順として，信頼性，反応性，確実性，共感性，有形性となっている。
5）因子に関する内的整合性は，Cronbach の α 係数で検討した。確認的因子分析による。本文で示したように 5 つの因子が抽出されたが，すべて準化係数の推定値が有意であり，標準化推定値は－1.00 から +1.00 の範囲内であった。なお RMSEA は，0.10 以上なので適合が良いとはいえない。
6）適合度指標は $\chi^2 = 576.998$，df = 199，p < .001，GFI = .708，AGFI = .629，RMSEA = .131，AIC = 684.998 であった。
7）調査時期が開業直後ということもあり，ご褒美的な評価もあり，全体的に統計的には天井効果の傾向が高かった。開業後需要も落ち着いた段階で 5 つの指標と密接に関連する設問に絞った調査が今後必要である。

第 8 章

コロナ禍における
消費者が必要とする情報の分析

　直近のコロナ禍において，外食ビジネスは，感染拡大の原因の 1 つとされ，拡大するごとに時短営業や休業を余儀なくされてきた。飲食店が，コロナ禍でも経営・営業活動を通して経済活動を継続するための方策が，喫緊の課題である。その課題の解決策の 1 つとして，コロナ禍においても安心して飲食店を利用（購買決定）するために，消費者がどのような情報を必要としているのか（情報のニーズ）を調査する必要性が増した。よって，飲食店による感染症対策の情報提供（Promotion）の必要性と，価格への転嫁の側面から分析し，消費者の情報に対する意識を明らかにする。

8.1　外食ビジネスをめぐるコロナ禍

　2020 年春を迎えるまでもなく，日本は新型コロナウイルス（以下「コロナ」という）の感染拡大に見舞われた。今や日本経済の一部を支える訪日客（インバウンド）は，入国さえできない状況となった。また，外食ビジネスを中心とした人と人との接触が不可欠な事業は，国内向けに店を開けることを自主的に制限し，営業自粛へと追い込まれた。特に，コロナの感染拡大後，感染者のクラスター（集団）の発生箇所として挙げられた「ライブハウス」，「クラブ」と並び「飲食店」も営業自粛（制限）対象として挙げられた。2020 年 3 月 28 日に厚生労働省が感染防止のため「3 つの密を避けましょう」[1] を発表し，3 つの密（以下「3 密」という）は，感染防止のために避けるシチュエーションとして，換気の悪い密閉空間，多数が集まる密集場所，間近で会話や発声をする密接場面を避けることが呼びかけられた。そして，2020 年 4 月 7 日に政府から [2] 発

出された「緊急事態宣言（以下「宣言」という）」・「休業要請」により，飲食店は，営業の自粛を余儀なくされ，経営存続の危機対応のため，ランチやテイクアウトなどで最低限の売上の確保に努めた。飲食店事業者は，営業自粛期間中でも，店舗賃借料，人件費，水道光熱費，宣伝広告費などの固定費について，収入を得られない中での負担を強いられてきた。

　さらに，感染防止のため，2020年5月4日には専門家会議の提言を受け厚生労働省から3密を前提とした「新しい生活様式」[3)]が要請され，その後2020年5月14日には39都道府県の宣言の解除が行われ，2020年5月25日には全面的解除が行われた。その後7月から8月にかけて第2波，12月から翌年2月にかけて第3波が到来し2021年1月8日には2度目となる宣言が発出された。3月21日をもって2回目の宣言は解除されるも，4月から6月にかけて第4波が到来し4月には「まん延防止等重点措置」が適用され2021年4月25日から，3回目となる宣言が発出された。ゴールデンウィークを見据えたこの宣言は，飲食店での酒類提供が禁止され，午後8時までの時短営業を，酒類やカラオケを提供する飲食店には休業を要請した。その後，6月20日に沖縄県を除いて解除されたものの，7月から9月にかけて第5波と拡大と収束傾向を繰り返し，東京オリンピックが開催されることもあり，7月12日から東京都に4回目となる宣言が発出され，2021年12月中旬から2022年6月までの第6波，そして第7波といまだ収束の状況が見えていないのが現状である。

　感染が拡大するたびに，外食産業を支える飲食店は，休業，時短営業などを迫られてきた。このようなコロナ禍において，飲食店は，感染症対策を整備したうえで，顧客から安心を獲得することが求められる。しかし，あらゆる対策を導入することにより，外食本来の価値であり4章でも明らかになった消費者の外食に対する欲求である，外食の起点となる欲求と相関性のある利用客同士や，利用客と店のスタッフとのコミュニケーションなどによる消費行動が否定される可能性がある。また，どのような対策を取るにしても，設備・備品の購入費用が見込まれるうえ，集客人数の制限による大幅な減収は，営業自粛を余儀なくされた飲食店にとっては，死活問題である。現に，自由な移動や経済活動ができない「制限経済」の中，「7割経済」が叫ばれ[4)]，2020年4月の外食

売上は対前年比 4 割を記録した[5]。外食ビジネスは，客席半減や値下げを強い
られ，特に都市部飲食店の再開にとって，家賃や人件費などの固定費が高額な
うえ，高い集客数に裏打ちされた売上を前提としており，重大な課題といえる。
また，3 密の要素が当てはまることや感染ルートの分析から，クラスター発生
個所として飲食店は営業自粛の対象とされていたこともあり，飲食店事業者か
ら従前の運営形態では持続不可能であることも指摘されている。感染状況によ
っては，今後も続くと考えられる飲食店利用客の同行者間の感染防止や収容人
数の制限は，店舗マネジメントの源である売上を生み出す利用人数が制限され
るので，飲食店（売り手）にとっては，経営の根幹にかかわる問題である。外
食ビジネスにおいて，コロナ禍での集客のためには，消費者が感染症対策に関
する情報に対し，どのようなニーズ（欲求）を持っているのか，把握する必要
があり，消費者は，サービスのエンカウンター（店舗と顧客の接点）での感染症
対策の情報を欲しているのではないかという仮説をたてた。

　そこで，本章では，サービス・エンカウンター（接点）の要素であるスタッ
フと顧客の参加者（People），設備・備品（Physical evidence），サービス提供の
プロセス（Process）に着目し，感染症対策に関するアンケート調査をおこない，
店舗が実施する感染症対策に関する情報のニーズ（欲求）と感染症対策にかか
る費用の価格への転嫁の側面から分析し，構造のモデル化を図る。

8.2　アンケート調査と結果

8.2.1　調査方法及び分析手法

　前述したように，仮説を実証するために，アンケート調査を実施し，分析を
おこなった。

　調査内容は，感染リスクがある中での消費者の感染症対策に関する情報の意
識を分析するため，まずは，宣言解除後 1 週間内に飲食店の店舗を利用するか
どうかの設問を設定した。そして，調査の前提となる感染症対策として，感染
源となる当事者を，店舗の「スタッフ」，「利用客」と，次に，感染媒介物を，
店舗の「設備・備品」と設定した。さらに，スタッフ相互，スタッフと利用
客，利用客相互の感染を想定した 15 の感染症対策を設問項目とし，「SNS，各

種媒体にて，店舗内でおこなうコロナ対策に対する情報について，どの程度必要か選択してください。」と必要性について5件法にて質問した。同時に，それらの対策にかかる費用を価格に転嫁することについて「店舗が実施したコロナ対策について，実際のメニューの価格に転嫁（プラス）することについてどう思いますか？」という設問に，「許容する」，「どちらでもない」，「許容しない」の3択で回答を求めた。

　分析は，22の設問項目の回答に対し因子分析を行い，感染症対策の情報に関する因子を抽出し，共分散構造分析による感染症対策モデルの検討により，対策にかかる費用を価格に転嫁することに対する意識を分析した。

8.2.2　アンケート調査の結果

　宣言後の飲食店の営業再開に向けて，利用客に対する感染症対策に関する情報発信の必要性に対する意識を明らかにするため，「新型コロナ対策関連情報に関するアンケート」を実施した。地域を限定せずに全国を対象に幅広い年代からの回答を要することから，インターネット上でのアンケートを実施し，2,409名（男性1,174名，女性1,235名；平均年齢45.5歳，標準偏差＝20.4歳）の回答を得た。

　アンケートを進める前提として，宣言後，飲食店の利用に関するアンケートを実施した結果を表8－1に示す。

　調査は，宣言の発出が解除されたものの，終息への糸口が見えない，感染防

新型コロナウイルスによる緊急事態宣言が解除されました。直後から1週間以内に，あなたは飲食店を利用しますか？	N	%
はい	551	22.9
テイクアウトなら利用します	690	28.6
いいえ	1168	48.5
全体	2409	100.0

出典：筆者作成。

表8－1　緊急事態宣言解除後の飲食店利用に関する調査

止への意識が非常に高い段階における飲食店の利用が前提であったので，敢え
て期間を宣言解除後1週間以内に絞った[6]。

　調査期間は，宣言の解除前だったこともあり，店舗を利用するかの設問に対
し「いいえ」が48.5％を占めることは，消費者の約半数の中で飲食店を利用す
ることに警戒感があることを意味している。営業自粛期間中に，店舗運営を継
続するための手法として新規に取り入れた「テイクアウトなら利用します」は
28.6％と，外食に代わる飲食店での消費形態として約3割の消費者に浸透して
きたことがうかがえる。さらに，店舗を利用するかの設問に対し「はい」は
22.9％と少なく，宣言前の運営状況に戻るまでは道のりが長いことを示唆して
いる。

　さらに，感染リスクのある期間においても店舗を利用すると回答した551名
（22.9％）に対し，消費者の感染症対策に関する情報発信の意識についてまとめ
たものが下記の表8-2であり，総じて必要性への意識が高いといえる。

　15の対策について総計を見ると，「必要でない」が7.6％であるのに対し，「絶
対必要」が33.0％，「かなり必要」が19.1％で合わせて52.1％，さらに「必要」
が27.2％で合計すると79.3％が強く感染症対策に関する情報の必要性を感じて
いる。

　各設問項目でみていくと，必要性を強く感じる「絶対必要」の割合が，「ス
タッフの手指消毒」が52.3％，「食器，カトラリーの消毒」[7]の「かなり必要」，
「必要」の合計が7割5分であり，6つの設問に次いで必要性を感じていると
いえる。

　一方で，「必要でない」に着目すると，「同行者と横並び」が17.6％，「同行
者との距離（対面・仕切）」が15.1％，「スタッフの（透明）マスク」が11.4％，「レ
ジ廻り衝立の設置」が10.0％と，7.6％の総じて「必要でない」層が「少し必要」
の層を取り込んでいる様子がうかがえる。

　「消毒」が50.1％と5割を超えており，「スタッフの体調管理」が46.5％，「店
内の換気」が45.0％，「入口扉・トイレの取手の消毒」が41.6％と続く。これ
らに，「かなり必要」を加えると「絶対必要」の割合が各々6割以上になるの
と同様に，3つの設問「テーブル・イスの消毒」，「メニューなどの消毒」，「他

作業分類	SNS，各種媒体にて，店舗内で行う新型コロナ対策に対する情報について，どの程度必要か選択してください。	全体	1 必要でない	2 少し必要	3 必　要	4 かなり必要	5 絶対必要
スタッフ	スタッフの体調管理	551	25	54	135	81	256
		100.0	4.5	9.8	24.5	14.7	46.5
	スタッフの（透明）マスク	551	63	101	167	86	134
		100.0	11.4	18.3	30.3	15.6	24.3
	スタッフとの距離	551	38	109	187	102	115
		100.0	6.9	19.8	33.9	18.5	20.9
	スタッフの手指消毒	551	17	39	124	83	288
		100.0	3.1	7.1	22.5	15.1	52.3
設備・備品	入口マットの消毒	551	50	82	169	99	151
		100.0	9.1	14.9	30.7	18.0	27.4
	入口扉・トイレの取手の消毒	551	28	41	146	107	229
		100.0	5.1	7.4	26.5	19.4	41.6
	テーブル・イスの消毒	551	23	53	137	118	220
		100.0	4.2	9.6	24.9	21.4	39.9
	メニューなどの消毒	551	35	50	149	121	196
		100.0	6.4	9.1	27.0	22.0	35.6
	食器，カトラリーの消毒	551	21	45	125	84	276
		100.0	3.8	8.2	22.7	15.2	50.1
	店舗内の換気	551	26	36	128	113	248
		100.0	4.7	6.5	23.2	20.5	45.0
	他の利用客との距離（仕切）	551	31	54	162	125	179
		100.0	5.6	9.8	29.4	22.7	32.5
利用客	同行者との距離（対面・仕切）	551	83	99	165	100	104
		100.0	15.1	18.0	29.9	18.1	18.9
	同行者と横並び	551	97	116	154	97	87
		100.0	17.6	21.1	27.9	17.6	15.8
	収容人数の制限	551	37	93	153	141	127
		100.0	6.7	16.9	27.8	25.6	23.0
	レジ廻り衝立の設置	551	56	83	171	122	119
		100.0	10.2	15.1	31.0	22.1	21.6
総　計		8265.0	630.0	1055.0	2272.0	1579.0	2729.0
		100.0	7.6	12.8	27.5	19.1	33.0

注：上段が実数，下段が％

出典：筆者作成。

表8－2　感染症情報の発信の必要性

の利用客との距離（仕切）」も5割5分以上となり，さらに「必要」を加えると6つの設問とも8割5分を占め，かなり強く必要性を感じているといえる。

　なお，「スタッフとの距離」，「入口マットの消毒」，「収容人数の制限」についても，「絶対必要」，「かなり必要」，「必要」の合計が7割5分であり，6つの設問に次いで必要性を感じているといえる。

　一方で，「必要でない」に着目すると，「同行者と横並び」が17.6％，「同行者との距離（対面・仕切）」が15.1％，「スタッフの（透明）マスク」が11.4％，「レジ廻り衝立の設置」が10.0％と，7.6％の総じて「必要でない」層が「少し必要」の層を取り込んでいる様子が窺える。

　これらのことから，スタッフ自身の対策や，設備・備品の消毒など店舗側がおこなう感染症対策の情報については，強く必要性を感じているのに対し，ソーシャルディスタンスを前提とした利用客側の感染症対策については，1割程度ではあるものの「必要でない」が比較的多く見受けられた。

　続いて感染症対策についての設問の後，それらの対策にかかる費用を，製品・サービス（財）の価格に転嫁することを許容するかどうかについての設問の結果を表8－3に示す。

店舗が実施した新型コロナ対策について，実際のメニューの価格に転嫁（プラス）することについてどう思いますか?	N	％
許容しない	199	36.1
どちらでもない	208	37.7
許容する	144	26.1
全体	551	100.0

出典：筆者作成。

表8－3　感染症対策にかかる費用の，メニューの価格への転嫁についての許容意識

　従前の運営形態との対比でいえば，宣言解除後の店舗再開に向けての感染症対策は飲食店にとって明らかに追加の費用負担を要する。しかも，スタッフの体調管理・消毒，店舗の設備・備品の消毒については，毎日の営業に必要なもので店舗マネジメントに継続的負担を課すものとなる。さらには，収容人数の削減などは，食材などの流動費だけでなく家賃や人件費などの固定費を賄う売上にも多大なる影響を与える。そのため，持続可能なマネジメントを確保したい店舗事業者にとっても少なからず，消費単価に付加したいと考えるのは当然である。しかし，コロナ感染拡大以前の価格，運営状態が記憶に残っている消費者にとって，消費単価の増加は，大きくは物価指数の上昇を意味し，家計

の圧迫を招く。ただでさえ，収入を得る手段である雇用も危ぶまれる状況において，外食に対する負担割合が増えることは非常に厳しい。この「許容する」の26.1%は，各種媒体を通じて，宣言期間中，営業自粛を余儀なくされる飲食店に，激励の意味を含めた回答であるとも考えられる。「どちらでもない」についていえば，もし価格に転嫁されたら利用しないといった選択肢を持つ，消費者のある意味での選択の自由に含められていると考えられ，飲食店にとっては利用客を失う可能性も意識すべきであると考えられる。

　次に，アンケート調査で得たデータから，感染症対策に対する意識構造モデルを構築するべく分析をおこなう。

8.2.3　感染症対策に対する意識の分析

　感染症対策のメニューの価格への転嫁に対する意識を分析するため，感染症対策の構成概念を再検討したうえで，変数間の関連性を踏まえた分析である共分散構造分析を用いて感染症対策に対する意識構造モデルを構築した。

　共分散構造モデルを構築する前提として，感染症対策の因子構造を確認する目的のために主成分分析を用いた探索的因子分析をおこなった。内容の妥当性の検討については，アンケート調査後，5月14日に日本フードサービス協会から発表された[8]，コロナ感染症対策の基本的対処方針に基づく「外食業の事業継続のためのガイドライン」を判断基準とした。その中では食品の安全と衛生管理，店舗・施設等の清掃と消毒，従業員の健康チェックと個人の健康・衛生管理の徹底，社会的距離の設定と確保への工夫と細かく指摘されており，設問との内容の妥当性が確認できた。

　本章では，一般消費者の飲食店の利用客の感染症対策に対する意識を構造的に検討するため，共分散構造分析を用いることにより，変数間の因果関係を矢印と数値を用いて視覚的に表現した。ここで感染症対策に対する意識を構造化するために，感染症対策に関する15項目について因子分析を行い，必要な説明変数の抽出をおこなった。

　まず，固有値が1.0以上の2因子による構造と仮定して，同様の分析を繰り返した結果，因子負荷量が0.55を下回る「スタッフの（透明）マスク」，「スタ

ッフとの距離」,「入口マットの消毒」の３項目については分析モデルの当ては
まりが低下するため除外し, 最終的に 12 項目を採用した。これらの結果を表
８－４に示す。

項目内容	I	II
第1因子　店舗側の対策　α信頼性係数　.962		
スタッフの体調管理	0.784	−0.037
スタッフの手指消毒	0.945	−0.110
入口扉・トイレの取手の消毒	0.893	0.042
テーブル・イスの消毒	0.925	0.002
メニューなどの消毒	0.840	0.088
食器, カトラリーの消毒	0.914	−0.057
店舗内の換気	0.870	0.026
他の利用客との距離（仕切）	0.581	0.372
第2因子　利用客側の対策　α信頼性係数　.928		
同行者との距離（対面・仕切）	-0.066	0.961
同行者と横並び	-0.197	1.036
収容人数の制限	0.333	0.617
レジ廻り衝立の設置	0.234	0.685
因子間相関	I	II
I	—	0.664
II	0.664	—

出典：筆者作成。

表８－４　感染症対策の情報発信の必要性に対する意識　最尤法, 斜交回転（Promax 回転）

　固有値の変化（10.64, 1.493, 0.663, ・・・）と因子の解釈可能性を考慮すると,
ガットマン基準で２因子構造が妥当であると考えられた。なお, 回転前の２因
子で 12 項目の全分散を説明する割合は, 73.72% であった。

　因子名の検討にあたっては, 店舗に所属する「スタッフ」, 店舗に付属する
「設備・備品」の消毒, 管理による感染防止に対する項目から共通する「店舗
側の対策」, 同行者や利用客の密集・密接を避ける項目から「利用客側の対策」
の２つの因子を分析し, 命名した。感染症対策について, 設問設定時に策定し
た３つの分野で, 感染源となる当事者を, 店舗の「スタッフ」,「利用客」と分
け, 感染媒介物として店舗の「設備・備品」と設定したものが, 消費者視点か
ら「スタッフ」と「設備・備品」が「店舗」に統合され,「利用客」が単独で
残ったものと考えられる。

　このことは, 消費者の感染症対策に関する情報のニーズ（欲求）が, サービ

スのエンカウンター（接点）の参加者（People）のうち「スタッフ」と，感染経路や感染媒介物として，サービス提供のプロセス（Process）と設備・備品（Physical evidence）が「店舗」に統合され，参加者（People）のうち「利用客」が単独で区分されることを意味する。

8.2.4 共分散構造分析による感染症対策モデルの検討

前節の因子分析によって抽出した2つの因子をもとに，感染症対策に対する意識を表現するモデルを構築する。分析[9]には抽出した因子を説明変数として採用する他，対策に要する費用の「価格への転嫁」の従属変数を含め，今後の感染症対策に対する意識構造についてモデル構築をおこなう。感染症対策の12項目が「店舗側の対策」と「利用客の対策」の2つの対策の主体に関する2因子構造となることを確かめるために，Amos を用いた探索的因子分析をおこなった。2つの因子からそれぞれ該当する項目が影響を受け，すべての因子間に共分散を仮定したモデルで分析をおこなったところ，適合度指標は $\chi2=873.242$，

図8－1　感染症対策に対する意識構造モデル

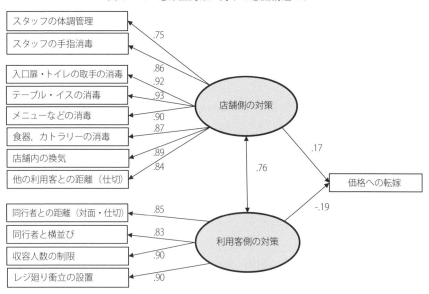

出典：筆者作成。

df＝63，p＜0.05，GFI＝.790，AGFI＝.697，CFI＝.893，RMSEA＝.153，AIC＝929.242 であった。この最終的なモデルの分析結果を図8－1に示す。

　このモデルは，前節で抽出した2つの説明変数が「価格への転嫁」に影響を与えているという因果関係を説明しており，2つの説明変数間の因果関係をみると，「店舗側の対策」は「価格への転嫁」に対して正の直接効果を，「利用客側の対策」は「価格への転嫁」に対して負の効果を与えている。

　「店舗側の対策」としては，関連性の高いものから「テーブル・イスの消毒」，「入口扉・トイレの取手の消毒」，「メニューなどの消毒」となり，他の利用客による店舗の設備での感染を意識したため，「価格への転嫁」に正の影響を示している。また，「利用客側の対策」については，「収容人数の制限」，「レジ廻りの衝立」が関連性は高いものの，「価格の転嫁」については，負の影響を示している。

　これらにより，他の利用客が接触した設備・備品への消毒に関しては，「価格への転嫁」について，許容の意識が見られる反面，密集を避けるための収容人数や同行者の間で自身がおこなう対策については許容の意識が見られない傾向にあることが明らかになった。

8.2.5　感染症対策モデルからみた消費者の情報に対するニーズ（欲求）と
　　　　ナッジ理論

　本章では，一般消費者を対象にアンケートを実施し，飲食店における感染症対策の情報に対するニーズ（欲求）と，対策に必要な費用を価格に転嫁されることに対する意識を調査し，その分析をおこなった。

　アンケート調査からは，総じて感染症対策に関する情報に対するニーズ（欲求）は高く，スタッフ自身の対策や，設備・備品の消毒など店舗側がおこなう感染症対策の情報については，必要性を強く感じているのに対し，社会的距離（ソーシャルディスタンス）を前提とした利用客側の感染症対策については，「必要でない」が比較的多く見受けられた。

　そうした感染症対策にかかる費用については，「価格に転嫁する」ことに許容するは約4分の1で，厳しい消費者の意識が明らかになった。これらを前提

とした感染症対策に対する意識構造のモデル化は，消費者視点からスタッフや店舗の備品・設備にかかわる「店舗側の対策」には「価格への転嫁」を弱いながらも許容し，同行者や収容人数など利用客側の対策には「価格への転嫁」への許容が比較的低いことが明らかになった。

　2021年9月30日の宣言の解除後の原因の特定されていない感染の急速な減速の状況にある11月においても12月以降の第6波の到来が指摘され，インフルエンザなどの感染症対策も余儀なくされており，今後もメニューや価格と同様に感染症対策の情報発信を求められている。特に，サービスのエンカウンター（接点）において，スタッフの体調管理や距離感，店舗内備品の消毒については，サービスの提供過程（Process）での感染に対する強い警戒感から，価格への転嫁も容認する傾向にある。

　政府の方針を受けて，各都道府県において，感染症対策に関する認証制度が策定され，認証された飲食店においては，各自治体のHPでの公表，シールの発行さらには，補助金制度への申請要件としての採用が見受けられる。このことは，2章における議論から，売り手（店舗）の，買い手（消費者）に対するシグナリング及びナッジ理論に則った施策とも考えられる。シグナリングとは，情報優位者である店舗が情報劣位者である消費者に対し，情報を発信して情報の格差を縮小し，情報の非対称性を解消しようとする行為である。ナッジ理論は，行動経済学において，人が意思決定する際の環境をデザインすることで自発的によい選択をするように誘導することととらえられている。これは，人には選択の自由を保障しながら多くの選択肢を提示する時に，その人にとって最も良いと思われる選択が選ばれやすいように提示方法を工夫するのである。

　感染予防対策の認証制度は，売り手（飲食店）が，感染症対策が店舗によってかなり開きがある現状において，一定の基準を満たしていることを事前に消費者に対し提示する（シグナリング）ツールであるといえる。

　例えば，三重県の飲食店に限定した感染症対策に関する認証制度（あんしん三重認証制度）は，来店者への感染予防，従業員の感染症予防，施設・設備衛生管理の徹底，デジタル技術の活用，チェックリストの作成・公表，感染者発生に備えた対処方針といった6分野で構成されている。81業種にわたる業界

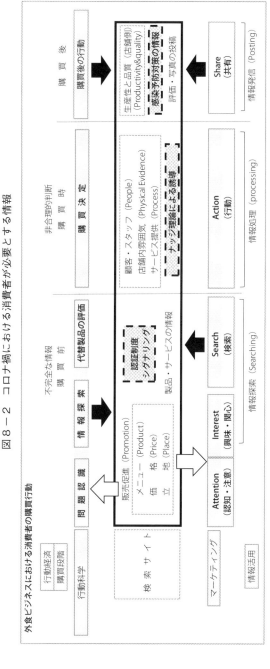

図8−2 コロナ禍における消費者が必要とする情報

出典：筆者作成。

ガイドラインに沿った国の基準案（52項目）[10]を基本に，三重県独自の調整を
おこなった45のチェック項目を満たして初めて認証される制度である[11]。

　ホームページや検索サイトにおいて，認証制度を受けていることを明示する
ことにより，一定の感染症対策を実施している安全・安心な店舗へ消費者を誘
導する役割を担っている。店舗内のサービスのエンカウンター（接点）におい
ても，来店者への感染予防については，入店から退店まで，手指消毒，飛沫を
意識した座席配置・パネルの設置，静かな会話を促す掲示など感染予防に関す
る行動を促すような，サービス提供（Process）が義務付けられている。飲食店
は，このような認証制度を利用し，店舗の情報を提示することにより，消費者
の感染症対策に関する情報のニーズ（欲求）に応えていくべきではないかと考
えた。コロナ禍における消費者が必要とする情報について，図8－2に示す。

8.3　小　括

　本章では，一般消費者を対象にアンケートを実施し，飲食店における感染症
対策の情報に対するニーズ（欲求）と，対策に必要な費用を価格に転嫁される
ことに対する意識を調査し，その分析をおこなった。

　アンケート調査からは，総じて感染症対策に関する情報に対するニーズ（欲
求）は高く，スタッフ自身の対策や，特に設備・備品の消毒など店舗側がおこ
なう感染症対策の情報については，必要性を強く感じていることに対し，社会
的距離（ソーシャルディスタンス）を前提とした利用客側の感染症対策について
は，「必要でない」が比較的多く見受けられた。

　そうした感染症対策にかかる費用については，総じて「価格に転嫁する」こ
とに許容するのは約4分の1で，厳しい消費者の意識が明らかになった。また，
サービスのエンカウンター（接点）における感染症対策に対する意識は，消費
者視点からスタッフや店舗の備品・設備にかかわる「店舗側の対策」には「価
格への転嫁」を許容し，同行者や収容人数など利用客側の対策には「価格への
転嫁」への許容が比較的低いことが明らかになった。

　このような消費者の感染症対策の情報のニーズ（欲求）に応えるには，行動
経済学のナッジ理論からも，飲食店の認証制度の活用が重要だと考える。イン

ターネット上では，飲食店からの店舗の情報として認証制度の提示がなされ，より安全・安心な店舗選択に誘導される。店舗内では，サービスのエンカウンター（接点）の中で感染予防の行動が促される。そして，購買後の行動で評価が投稿（Post）されることにより，消費者群の中で共有されるのではないかと考えられる。

【注】
1 ）日本フードサービス協会ホームページ　2020/0526　アクセス（http://www.jfnet.or.jp/files/getujidata-2020-04.pdf）
2 ）当初 7 都道府県に限定されていたが令和 2 年 4 月 16 日全都道府県に拡大された。
3 ）厚生労働省ホームページ　2020/0509　アクセス（https://www.mhlw.go.jp/stf/seisakunitsuite/bunya/0000121431_newlifestyle.html）
4 ）日本経済新聞 5 月 26 日朝刊 3 面。
5 ）日本フードサービス協会ホームページ　2020/0526　アクセス（http://www.jfnet.or.jp/files/getujidata-2020-04.pdf）
6 ）令和 2 年 5 月 9 日から 10 日にかけて実施した。
7 ）スプーン，フォーク，ナイフ，箸など食するときに使用する備品の総称。
8 ）日本フードサービス協会ホームページ　2020/0526　アクセス（https://www.inshokuten.com/foodist/article/5762/）
9 ）分析には IBM SPSS 社の統計解析パッケージソフト Amos20.0 を使用した。
10）https://corona.go.jp/prevention/pdf/guideline_20200514.pdf　2021/0925　アクセス。
11）https://mieria.kankomie.or.jp/　2021/0925　アクセス。

第 9 章

結　　論

9.1　議論の構成と整理

　本論文では，現実の消費行動での情報活用（探索・処理・発信）に着目し，一連の段階を前提とした購買意思決定プロセスを明らかにすることを研究の目的とし，以下の３部構成で議論した。はじめに，近年のインターネット上の情報活用の課題を抽出し，情報経済論を中心に，情報に関しては「クチコミ」，消費行動については「プロセス」の先行研究を整理し，研究課題から本論文の主旨を記述した。次に，今回採用した外食ビジネスにおける情報活用と消費者の購買行動を研究のフレームワークとして提示した。さらに，プロセスの各段階における情報活用について，消費者のアンケート調査から実証と分析を積み重ねた結果を整理し，本章で考察を行い，情報活用を前提とした消費行動のモデルとして研究のまとめをおこなった。本論文の構成は，図１−４において示した。

　１章では，研究の背景と目的について，議論した。

　研究の背景として，近年のインターネット上の情報活用は，スマートフォンによるインターネット環境の普及によって，新たに情報発信という行動を活性化させた。反面，情報過多と情報の不確実性の課題が浮かび上がってきた。

　課題を解決するためには，情報活用を中心とした消費行動の実態を把握することが重要な足掛かりと考え，現実の消費行動での情報活用（探索・処理・発信）に着目し，一連の段階を前提とした購買意思決定プロセスを明らかにすることを本研究の目的とした。

　２章では，情報活用と購買意思決定の関係から，先行研究をレビューし，本研究の課題を抽出した。

　先行研究では，まずは，取引の対象となる財の情報の量と質が消費行動に与

える影響を情報経済論から，次に情報が消費行動に与える影響をクチコミ研究から，情報活用と購買意思決定プロセスとの関係を消費者行動及びマーケティング研究から議論し，整理した。そして，情報活用に対する欲求については動機付け理論研究から，情報活用の対象となる財（製品・サービス）の特性については，サービス・マーケティング研究から議論し，整理した。

　3章では，本論文の研究対象とした外食ビジネスにおける，消費者の購買行動について先行研究及び外食ビジネスの特徴をサービス・マーケティングからまとめ，研究のフレームワークを提示している。特に，購買意思決定プロセスについては，行動科学的モデルとマーケティングモデルに沿って，情報活用とその動機付けについて，枠組みとして提示した。

　そして，第4章から第8章までの5つの章は，その購買行動の各段階や一連のプロセスにおいて，本論文の研究課題の解決のための「実証」と「分析」をおこなった結果を述べた。4章では，消費者の欲求構造，5章では検索サイトにおける消費者，6章では情報が購買意思決定に与える影響，7章ではサービスの評価構造，8章ではコロナ禍における消費者が必要とする情報について，それぞれ分析をおこなった。

　4章では，外食の起点となる欲求，高次の欲求層を支える成長動機層の存在が明らかになり，5つのカテゴリーからなる欲求階層説の要素は，低次の3つの欲求と高次の2つの欲求に区分された。情報活用との関連においては，欲求階層説に依拠した欲求は，購買前には店舗選択時での情報探索，購買時には欲求を充足するための情報処理（購買決定），購買後は承認欲求を満たす情報発信，これら3段階での動機付けをおこなうことが明らかになった。

　5章では，各プロセスの段階における情報ニーズの相違から，検索サイトを操作する「情報探索」，「購買決定」，「評価投稿」の3つのドライバーを抽出し，「情報接触積極型」，「情報接触消極型」，「情報探索専門型」，「評価投稿専門型」，「購買決定専門型」，「情報探索後購買決定型」の6つの消費者群の存在を明らかにした。

　6章では，消費者に対し，2段階から上位の選択肢が付加した3段階の選択肢（異なったフレーム）を情報として提示した結果，極端性回避の傾向が最高位

の価格・品質に対しては顕著に表れることにより消費者選好が変化し，消費単価の上昇につながるというフレーミング効果を生み出すことが明らかになった。

　7章では，購買後の行動で情報発信されるサービスについての評価概念が，サービス品質の要素として挙げられている信頼性，反応性，確実性，有形性，共感性の5因子から構成されていることを確認した。顧客がサービス過程（Process）において製品・サービスに対して抱いた期待とのギャップの評価やクチコミは，生産性と品質（Productivity & Quality）の側面から改善していくうえで，飲食店としても重要な情報源であることがわかった。

　8章では，感染症対策に関する情報に対するニーズ（欲求）は高く，スタッフ自身の対策や，特に設備・備品の消毒など店舗側がおこなう感染症対策の情報については，必要性を強く感じていることが明らかになった。インターネット上では，飲食店からの店舗の情報として認証制度の提示がなされ，より安全・安心な店舗選択に誘導されるとともに，店舗内では，サービスのエンカウンター（接点）の中で感染予防の行動が促されることがわかった。

9.2　本研究の結論

　これまでの先行研究のレビュー，実証分析による研究の成果から，本研究の結論を述べる。

　研究の目的は，現実の消費行動での情報活用（探索・処理・発信）に着目し，一連の段階を前提とした購買意思決定プロセスを明らかにすることである。

　研究課題として情報過多と情報の不確実性の課題を抽出し，課題解決のため，購買意思決定プロセスの各段階における情報との関連性から消費者の分析を行い，情報活用を中心とした消費行動について議論した。

　本研究において明らかになった情報活用と一連の購買意思決定プロセスを，行動科学的及びマーケティング的モデルに沿って述べる。

　成果を述べる前に，購買意思決定プロセスの行動科学的及びマーケティング的モデルについて，整理する。

　行動科学的モデルについては，情報処理の側面から個々の消費者の購買意思

決定プロセスを問題認識，情報探索，代替製品の評価，購買決定，購買後の行動に区分している。マーケティング的モデルについては，インターネットの普及を背景に，消費者が自ら情報を収集し，発信し，他者と共有するという行動を踏まえ，消費者群の購買意思決定プロセスを，AISAS すなわち Attention（認知・注意），Interest（興味・関心），Search（検索），Action（行動），Share（共有）の 5 段階に区分している。

　先行研究のレビューから，情報活用のうち情報探索の段階は，行動科学的モデルの情報探索，代替製品の評価に，マーケティング的モデルの Interest，Search それぞれにあたり，情報処理の段階は，行動科学的モデルの購買決定に，マーケティング的モデルの Action それぞれにあたり，情報発信の段階は，行動科学的モデルの購買後の評価に，マーケティング的モデルの Share それぞれにあたる。このように，行動科学的モデル，マーケティングモデルとも情報活用の段階（探索，処理，発信）は，購買前，購買時，購買後に区分されることが明らかになった。

　行動科学的モデルとマーケティングモデルを組み合わせたものを図 9 − 1 に示す。

図 9 − 1　購買意思決定の行動科学的モデルとマーケティングモデル

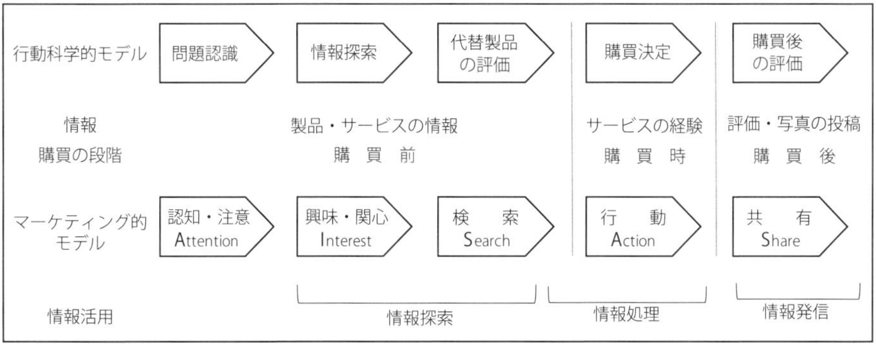

出典：筆者作成。

　次に，本研究において明らかになった情報活用と一連の購買意思決定プロセスについては，購買前，購買時，購買後と購買の３つの段階に分けて述べる。

　一つめの購買前の段階は，収集した情報を整理し，比較検討するために加工した段階で，行動科学的モデルでは，問題認識，情報探索，代替製品の評価までで，マーケティング的モデルでは，Attention（認知・注意），Interest（興味・関心），Search（検索）までで，情報活用としては，情報探索がなされている。購買前の段階について，情報探索をおこなうまでの過程と情報探索の過程に分けて研究の成果を整理する。

　購買前の段階のうち，情報探索をおこなうまでの過程には，問題認識とAttention（認知・注意），Interest（興味・関心）が含まれる。この過程においては，内部刺激（内発的動機）や，売り手（企業）である飲食店が提供する看板，チラシなどの情報による外部刺激，外的圧力（外発的動機）によって，買い手（消費者）の欲求を認知し，関心が引き起こされ，そのニーズが動因または誘因となり，対象となる製品・サービスに対して興味を抱く。この過程での情報活用で明らかになったのは，４章の消費者の欲求構造，５章の検索サイトにおける消費者，８章のコロナ禍における消費者が必要とする情報のニーズ（欲求）の分析からの成果であり，「情報探索」する前の購買の必要性や欲求に気づく過程である。

　４章では，消費者の欲求構造の分析をおこなった。情報探索をおこなうまでの過程は，消費者が購買の必要性や欲求に気づく，購買意思決定プロセスの始まりの段階である。欲求する財（製品・サービス）の具体的な属性は，欲求の要素に影響される。分析からは，外食の起点となる欲求の存在が明らかになり，５つのカテゴリーからなる欲求階層説の要素は，低次の３つの欲求と高次の２つの欲求に区分された。このことは，購買の対象となる財（製品・サービス）について，既に低次，高次の２層の欲求層に従い，購買意思決定プロセスが進行していることを意味する。また，高次の欲求層と相関関係にある，４つの成長動機の欲求を満たすような財（製品・サービス）を，消費者は選択する。この過程は，消費者は自己の欲求を整理し，欲求を満たす対象の財（製品・サービス）を選択するので，欲求を情報として組織化している段階

ともいえる。

　5章では，情報探索をおこなうまでの過程には，検索サイトを操作するドライバーはなかった。しかし，ドライバーとしての「情報探索」は，既に購買する必要性や欲求を認識したうえでの操作と考えられ，当然にこの問題認識，Attention（認知・注意），Interest（興味・関心）の段階を踏んだ状態といえる。その観点から，「情報探索」をドライバーに持つ，「情報接触能動型」，「情報探索後購買決定型」，「情報探索専門型」の消費者群は，この段階を経たグループといえる。

　また，消費者の分析からは，「情報接触消極型」という検索サイトは利用するが，3つのドライバーを併せ持たない消費者群が存在することが明らかになった。情報活用しないので，購買時の予約，特典利用はできず，購買後の評価の投稿もしない。このことは，積極的に情報活用はしないが，飲食店検索サイトを利用することで，購買前の段階において，購買の必要性や欲求に気づき，消費行動に移行する消費者の存在がうかがえる。

　よって，情報探索をおこなうまでの過程は，内部刺激（内圧的動機）または外部刺激（外圧的動機）から購買欲求を認知し，関心が引き起こされ，そのニーズが動因または誘因となり，対象となる財（製品・サービス）に対して興味を抱く，情報探索の前提となる段階であるといえる。

　飲食店検索サイトには，消費者（買い手）に選択を促すため，店舗名，料理のカテゴリー（国籍など），メニュー（Product）や価格（Price），立地（Place）などの基本的情報が掲載されている。そして，シェフの属性やスタッフのサービス（People），店舗・備品（Physical evidence）など実際の購買時の利用を想定できる情報を，写真などを交えて提供（Promotion）されている。さらには，消費者（買い手）から情報発信された店舗の評価や感想などのクチコミの情報も閲覧が可能である。

　8章では，飲食店での感染症対策に関する情報に対するニーズ（欲求）の分析をおこなった。分析から，感染症対策に関する情報に対するニーズ（欲求）は高く，社会的距離（ソーシャルディスタンス）を前提とした利用客側の感染症対策よりも，スタッフ自身の対策や，特に設備・備品の消毒など店舗側がおこ

156

なう感染症対策の情報については，購買前の段階で必要性を強く感じていることが明らかになった。このことは，コロナ禍においては，消費者が飲食店を選択する際，店舗がおこなう感染症対策については，外食そのものの情報ではないものの，消費者にとって重要であると問題意識し，興味，関心を示しているといえる。

このような消費者の感染症対策の情報のニーズ（欲求）に応える対策として，地方公共団体などによる認証制度が進められている。感染予防対策の認証制度は，売り手（企業）である飲食店は，感染症対策が店舗によって格差のある現状において，一定の基準を満たしていることを示す情報を事前に消費者に対し提示する（シグナリング）ツールとして，利用されている。行動経済学のナッジ　理論からも，より安全・安心な店舗選択に誘導されるとともに，店舗内では，サービスのエンカウンター（接点）の中で対策に含まれる感染予防の行動が促される。

このように情報探索をおこなうまでの過程である問題認識と Attention（認知・注意），Interest（興味・関心）は，消費者は自己の欲求を整理し，欲求を満たす対象の財（製品・サービス）を選択するので，欲求を情報として組織化がおこなわれる。また，店舗側がおこなう感染症対策の情報については，購買前の段階で必要性を強く感じており，一定の基準を満たしていることを示す情報を事前に消費者に対し提示する（シグナリング）ツールとして認証制度が導入されている。

購買前の段階のうち，いままで述べてきた情報探索をおこなうまでの過程の次の情報探索から購買決定までの過程には，情報探索，代替製品の評価と Search（検索）が含まれる。購買欲求への関心を覚醒させた消費者が，欲求を満たす財（製品・サービス）について情報を収集し比較検討する過程である。興味・関心をもった財（製品・サービス）に関する詳細情報や消費者が投稿したクチコミや評価を情報探索し，本当に自分が購買すべきか，比較検討する段階である。消費者を取り巻く環境においては，情報過多や情報の不確実性の問題が表面化しており，まさにこの過程の問題といえる。この過程における情報活用で明らかになったのは，4 章の消費者欲求の構造，5 章の検索サイトの消費者

の分析からの成果であり，情報探索を行い，収集した情報を整理し，比較検討する過程である。

　4章では，外食における欲求は，低次の欲求層と高次の欲求層が大きく分かれ高次の欲求層には成長動機が相関していることが明らかになった。消費者は自己のニーズ（欲求）を整理し，ニーズ（欲求）を満たすために選択された財（製品・サービス）の属性として，組織化された情報をもとに，情報探索をおこなう。飲食店の形態としては，「空腹を満たしたい」，「おいしいものを食べたい」，「同行者と楽しい時間を過ごしたい」という低次の欲求層からは，価格の低い，簡易に利用できる食堂やファーストフード，ファミリーレストランなどが選択される。「周りの人からグルメと呼ばれたい」，「飲食に通じることにより理想の自分に近づきたい」という高次の欲求層からは，手厚いサービスを受けることのできる高級な専門料理店などが選択肢となって情報探索される。また，高次の欲求層は，「シェフやスタッフと話がしたい」，「飲食に関する知識を深めたい」，「たくさんの外食経験を持ちたい」，「料理の背景や調理法，文化をもっと知りたい」という4つの成長動機とも相関性を示していたので，シェフやスタッフと話しやすい雰囲気や，飲料や，食材，料理などに関する講習会など成長できる知識の習得が可能な仕組みをもった飲食店を選択できる情報が必要だと考えられる。

　5章では，検索サイトの操作のドライバーとして情報探索を抽出した。さらに，クラスター分析においても，「情報接触能動型」1.3％，「情報探索後購買決定型」7.3％，「情報探索専門型」17.3％の3つの消費者群25.9％を生み出しており，情報活用のなかでも主要なドライバーといえる。「情報接触消極型」の次に「情報探索専門型」が最も大きい消費者群であることは，検索サイト自体が，もともと情報検索のプラットフォームとして誕生した経緯が影響していると考えられる。また，次に多い「情報探索後購買決定型」は，情報探索の流れで，検索サイトに付加された予約や利用時の特典などの機能にまで操作を延長させていることがうかがえる。このことが反映され，予約や利用時の特典に関する情報も販売促進（Promotion）の一環として，情報提供される。総数は少ないが「情報接触能動型」1.3％の消費者は情報発信もおこなうので情報検索

した内容が前提となり，実際の利用によって得た評価や写真などを情報発信している。

　このように，情報探索から購買決定までの過程において，低次の欲求層と高次の欲求層，高次の欲求層と相関性のある成長動機の存在が明らかになった。情報探索は，ドライバーとして，情報活用をおこなう消費者群を多く生み出している。検索サイトは，外食における欲求の多様な要素を絞り込むため，欲求を満たす料理（製品）やサービスや利用目的などを選択させることにより，絞り込みを図っているといえる。高次の欲求を満たす要素として相関性の高い成長動機のシェフやスタッフと話しやすい雰囲気や，飲料，食材，料理に関する講習会など成長できる知識の習得が可能な仕組みをもった飲食店を選択できる情報が必要である。

　これまで情報探索をおこなうまでの段階と情報探索から購買決定までの段階からなる購買前の意思決定プロセスを説明してきた。

　2つめの購買時の段階は，行動科学的モデルでは，購買決定，マーケティング的モデルでは，Action（行動）である。前段階で選び出した選択肢から，最終的に1つの製品・サービスを決定し，購買を実行する段階である。情報活用の中でも，購買した製品の使用感やサービスの享受を通した評価を構築（情報処理）するプロセスでもある。

　この段階での情報活用で明らかになったのは，4章の消費者欲求の構造，5章の検索サイトにおける消費者，6章の売り手から提供される情報が購買意思決定に与える影響，7章の外食における評価要因の構造分析，8章のコロナ禍における消費者が必要とする情報の分析からの成果である。

　4章では，外食ビジネスにおける購買決定，その購買の決定と実行における動機付けとして欲求構造が示された。外食における欲求は，低次の欲求層と高次の欲求層が大きく分かれ，高次の欲求層には成長動機が相関していることが明らかにされており，この段階ではその欲求を充足させようという動機付けとなる。そして，購買前の段階において，欲求は，探索対象の財（製品・サービス）の属性として組織化された情報となるが，購買を決定する中でその情報は期待となる。欲求という内発的感情が情報となり，また期待という内発的感情に変

化したといえる。次に，購買決定した飲食店において，限られた時間とその空間（店舗）のなかで，期待に変化した欲求のすべてを充足しようとする段階であることが分かった。さらに，購買を実行する中で，その期待とのギャップを構築する段階である。シェフやスタッフとのサービス・エンカウンター（顧客との接点）であることから，欲求に基づき，そのサービス過程において具現化する重要な段階である。

　5章では，検索サイトの操作のドライバーとして，購買決定を抽出した。あくまで，インターネット上なので，予約や割引などの特典を利用するための機能で，「購買決定専門型」2.5％，「情報探索後購買決定型」7.3％，「情報接触積極型」1.3％の消費者群を生んでいる。単体のドライバーというよりも，情報探索に付随したドライバーともいえる。最も多い「情報探索後購買決定型」は，情報探索の過程でも指摘したように，情報探索の流れで，検索サイトに付加された予約や利用時の特典などの機能にまで操作を延長させていることがうかがえる。

　6章では，情報が購買意思決定に与える影響の分析として，情報として提示するメニューによる消費者選好の変化を，行動経済学の損失回避性及びフレーミング効果から検証した。品質が良くなると価格も高くなるメニューを3種類用意し，まず低価格・低品質と中価格・中品質の2段階のメニューを提示し，次に，既存の2段階のメニューに上位（高価格・高品質）のメニューを加えて3種類メニューを提示した。結果，両極よりも中間の価格・品質のメニューが最も多く選ばれたものの，最上位のメニューには損失回避性が見られたが，最下位のメニューには損失回避性が見られなかった。また，フレーミング効果により，消費単価の上昇が見られた。

　7章では，購買時に顧客が期待とのギャップを評価として構築する要素を分析するため，サービスの品質を向上させるために生み出された品質評価手法，SERVQUAL モデルを採用した。評価の測定は，有形性・信頼性・反応性・確実性・共感性の5つの測定項目から構成されており，今回の調査において，外食ビジネスにおいてもこれらの5つの測定項目が，確認的因子として確認できた。

　5つのサービス品質の評価尺度と22の個別のサービス項目との関係においては，信頼性においては「正確さ」，「手助け」が，反応性においては，「進んで」，「臨機応変」が，確実性においては，「信頼感」，「安心感」が強い影響度を示している。また，有形性においては，「身なり態度衛生面」，「設備・備品」，「飲食備品工夫見栄え」が，共感性においては「スタッフ目配り」「個別目配り」が強い影響度を示している。

　8章では，総じて感染症対策に関する情報に対するニーズ（欲求）は高く，スタッフ自身の対策や，設備・備品の消毒など店舗側が行う感染症対策の情報については，必要性を強く感じているのに対し，社会的距離（ソーシャルディスタンス）を前提とした利用客側の感染症対策については，「必要でない」が比較的多く見受けられた。

　さらに，インターネット上において感染症対策に関する認証制度を受けている情報を提示することにより，感染症対策上安全・安心な店舗選択に消費者が誘導されるとともに，店舗内では，サービスのエンカウンター（接点）の中でのサービス過程（Process）において，換気や消毒による店舗・備品（Physical evidence）の管理，スタッフや顧客の参加者（People）の体調管理，など対策に含まれる感染予防の行動が促され，実践されていることが分かった。

　よって，購買時の購買意思決定プロセスにおいては，購買前の段階において，財（製品・サービス）の属性として欲求の要素が組織化された情報が，購買を決定するなかで，その情報は期待として感情的要素に変化している。それは期待に変化した欲求のすべてを充足しようとする段階であることがわかり，購買を実行するなかで，その期待とのギャップを構築する段階である。また，メニューなどの情報の提示の方法によっては，消費者選好は変化し，消費単価の上昇につながるケースもある。感染症対策の情報のニーズは高く，一定の基準を満たしている保証としての認証制度を情報として提示することにより，感染症対策上，安全・安心な店舗選択が促され，購買が実行されている店舗内では，感染予防の行動が促されている。

　3つめの購買後の段階は，行動科学的モデルでは，購買決定，マーケティング的モデルでは，Share（共有）である。購買する財（製品・サービス）が決定（購

買決定）後，製品の使用やサービスを享受することを通して，期待とのギャップを評価として形成する段階である。そして，経験，クチコミ，評価や写真などを SNS や検索サイトなどに投稿（Post）し，他の消費者と共有（Share）する段階である。

　この段階での情報活用で明らかになったのは，4章の消費者欲求の構造，5章の検索サイトにおける消費者，6章の情報が購買意思決定に与える影響，7章のサービスの評価構造の分析，8章のコロナ禍における消費者が必要とする情報の分析からの成果である。

　4章では，外食ビジネスにおける承認欲求が，クチコミ，評価，写真など投稿する情報発信（Posting）の動機付けとして低次，高次の2層からなる欲求構造が示された。2層のうち高次の欲求層のなかで，自分自身が所属するその集団から価値ある存在と認められたい，尊重されたいという承認の欲求，とくに「周りの人からグルメと思われたい」という承認の欲求が「理想の自分に近づきたい」という自己実現の欲求と高い相関性を示した。このことは，購買の実行によって得た評価やクチコミ，写真などをもとに，他者への承認欲求によって動機付けられた投稿（Post）という情報発信（Posting）をおこなった結果，他者に閲覧されることによりその欲求が満たされていることを示している。そして，承認欲求は，「シェフやスタッフと話がしたい」，「飲食に関する知識を深めたい」，「たくさんの外食経験を持ちたい」，「料理の背景や調理法，文化をもっと知りたい」という4つの成長動機とも相関性を示しているので，承認されたい要素が多岐にわたっており，発信したい情報の内容も同様だと考える。

　5章では，検索サイトの操作のドライバーとして，「評価投稿」を抽出した。そして，「評価投稿専門型」2.5％，「情報接触積極型」1.3％を生み出した。情報活用の情報発信を担うドライバー「評価，投稿」は，他の2つのドライバー「情報探索」，「購買決定」とは相関性が低く，独立した存在であるため，消費者群についても，「情報接触積極型」以外は単体のものしか生み出さなかった。このことは，「情報探索」，「購買決定」の2つのドライバーは，購買行動と直結しているのに対し，「評価投稿」のドライバーは，購買後の行動で連結した

行動であるとはいえないことを意味している。

　7章では，飲食店におけるサービスが，SERVEQUAL の5つの評価尺度に沿った形で顧客より評価されていることを確認した。店舗内の設備，備品やスタッフの外見などの物理的なサービスの品質は有形性として，店舗により顧客に対して約束されたサービスが確実に遂行されているかは信頼性として，自主的かつ速やかにサービスを提供しているかは反応性の尺度にまとめられている。さらに，顧客の利益を優先した誠実な対応をしているか，サービス提供に必要な技能や知識を備えているかは確実性として，顧客とのコミュニケーション，特に顧客への関心や配慮が行き届いているかは共感性の尺度にまとめられている。

　これらは，今後，飲食店が顧客に対するサービスを生産性と品質（Productivity & Quality）の側面から改善していくうえで，重要なフレームとなる。ゆえに，顧客がサービス過程（Process）過程で，製品・サービスに対して抱いた期待とのギャップの評価やクチコミは，飲食店としても重要な情報源であるといえる。

　目の前の買い手（消費者）の満足度は，その再度の購買（リピート）につながることが期待され，また，その買い手（消費者）によるインターネット上への情報発信（Posting）によるクチコミによる拡散は，他者の購買意思決定に，強く影響を及ぼすことを指摘した。このことは，顧客がサービス（を享受する）過程（Process）で，顧客のなかに期待とのギャップが生じ，SERVQUAL による評価として情報化され，投稿（Post）されることにより，消費者群の中で共有されることを示す。

　8章では，消費者は，店舗側がおこなう感染症対策に関する情報の必要性を強く感じていることから，購買前の段階で消費者に提示された，感染症対策に関する認証制度が，購買時に，対策に沿った行動を促し実践され，その結果がクチコミや評価として情報発信されることが想定された。

　よって，購買後の意思決定プロセスにおいては，購買前，購買時の情報活用とは独立した形で，クチコミや評価の投稿（Post）をおこなう情報発信（Posting）の形が明らかになった。欲求に関しても，対象となる製品・サービスの属性を

要素とするものではなく，「周りの人からグルメと思われたい」という承認欲求に動機付けられており，そのことが表面化したのではないかと考える。

これまで，本研究において明らかになった情報活用と一連の購買意思決定プロセスについて，購買前，購買時，購買後と購買の３つの段階に分けて述べてきた。これらをまとめて，本来の研究目的である，一連の段階を前提とした購買意思決定プロセスについて明らかにしたことを述べる。

購買意思決定プロセスは，本研究により，大きく２つに区分されることが明確になった。購買意思決定プロセスは，購買前，購買時の２つの段階と，購買後の１つの段階に区分されるのである。そのことの裏付けとして，次の２点を挙げる。

１つ目の裏付けとして，情報活用における動機付けの変化が挙げられる。

購買前の段階において，購買行動に対する欲求が動機付けとなり，財（製品・サービス）の属性に組織化され情報探索をおこなう。購買時の段階には，組織化された情報は期待へと変化し，欲求のすべてを充足する動機付けとなる。そして，その期待とのギャップにより評価を構築する。購買後の段階では，その製品の使用，サービスの享受を通じて得たクチコミや評価，写真などを情報として，他者に認められたいという承認欲求から情報発信をするのである。

このように，各段階における欲求は，購買前，購買時の段階においては，最適な購買決定を実現するための動機付けであるのに対し，購買後の段階においては，他者への承認欲求による動機付けであるのでその性質から２分されるのである。

２つ目の裏付けとして，情報活用のドライバーの相関関係が挙げられる。

各プロセスの段階における情報ニーズの相違から，検索サイトを操作する「情報探索」，「購買決定」，「評価投稿」の３つのドライバーを抽出した。購買後の段階における情報活用のドライバー「評価投稿」は，他の２つのドライバー「情報探索」，「購買決定」とは相関性が低く，独立した存在であることが明らかになった。さらに，消費者群についても，すべてのドライバーを併せ持つ「情報接触積極型」以外は，他の２つのドライバーと結合することなく，単体の「評価投稿専門型」しか生み出さなかった。このことは，「情報探索」，「購

買決定」の2つのドライバーは，購買行動として直結しているのに対し，「評価投稿」のドライバーは，購買後の行動で連結した行動であるとはいえないことを意味している。

　スマートフォンの普及により，インターネット環境が身近なものとなり，購買意思決定プロセスと情報活用は切っても切り離せない関係となった。他者の購買経験を通して得た評価やクチコミ，写真などの情報が，購買欲求とは異なる承認欲求に動機づけられ，情報発信される。そして，また他者の購買行動の情報源となっていく。本研究により，情報活用を中心とした消費行動から一連の購買意思決定プロセスを明らかにしたといえる。

　次に，本研究の理論的貢献と実務的貢献について述べる。

　まず，理論的貢献について述べる。本研究では，消費行動における情報活用によって生じる問題について，情報経済論及びマーケティングの観点から整理した。

　購買意思決定プロセスについては，個々の消費者視点を対象とした行動科学的モデルと企業側の視点の消費者群を対象としたマーケティング的モデルを組み合わせ，研究のフレームワークとして提示したことは，個から全体までを網羅するために新しい枠組みを提示したといえる。また，一連の段階を前提として消費行動をとらえたことにより，各段階における情報活用の対象となる情報が変化する様子を明らかにしたので，消費者の情報活用に関する研究に一定の示唆を与える，意義ある貢献と考える。

　次に，実務的貢献について述べる。本研究では，飲食店検索サイトをめぐる消費者の分析から，3つの情報活用のドライバーを抽出し，6つの消費者群の存在を明示した。

　特に，購買後の行動における情報活用のドライバーである「評価投稿」を持つ消費者群は，「情報接触積極型」1.3％，「評価投稿専門型」2.5％と少数であることが明らかになった。今後，情報の不確実性を解消するためには，さらなる情報量が求められる。そのためには，「評価投稿」のドライバーが他の2つのドライバー「情報探索」，「購買決定」と相関性が低いことを考慮すると，「情報探索後購買決定型」7.3％，「情報接触消極型」19.2％の消費者群に「評価投稿」

ドライバーを保有するよう促進することが必要であることが明らかになった。

　このことは，対象となる消費者群に対して，「評価投稿」のドライバーの動機付けとなる承認欲求を満たす枠組みを提示することによって，「評価投稿」のドライバーを持つ消費者群の増加，そして発信される情報量の拡大，消費者間のコミュニケーションを通じた不正確な情報の淘汰による情報の不確実性の改善が期待される。

　さらに，情報活用を重視したサービス・マーケティングの新しい要素としての「9P」の提案について述べる。

　消費行動における情報の過多や情報の不確実性の問題を解決すべく，先行研究を整理した結果，情報の変化していく過程が明らかになった。

　消費者の情報発信により，インターネット上には膨大なクチコミなどの情報が蓄積し，情報の正確さなどのチェックの役割も担う消費者間のコミュニケーションを通して，不正確な情報などは淘汰される。淘汰された情報は，再度蓄積されインターネット上にさらされることによって，再度淘汰される。この工程が繰り返されることにより，蓄積された情報は熟成されていく。

　この情報の蓄積，淘汰，熟成する過程が，消費者側のインターネット上に情報発信（Posting）する機能だけでなく，投稿（Post）された情報を蓄積し，淘汰，熟成した後に想定されていないマーケティング要素の存在があるのではないかと考え研究を進めた。

　研究の成果からは，購買後の行動の評価やクチコミ，写真が投稿（Post）された後，店舗側には 8P として生産性と品質（Productivity & Quality）に取り込まれるのに対し，再度の購買行動や他者の購買行動の購買前の行動にどのようにして影響していくのかは明らかにできなかった。情報発信された評価やクチコミなどの情報が投稿（Post）された後，蓄積，淘汰，熟成する過程を担う 9 つめのマーケティング機能が必要であると考え，投稿（Post）された情報の投入口として「情報ポスト」（Post of information）と名付けた。

166

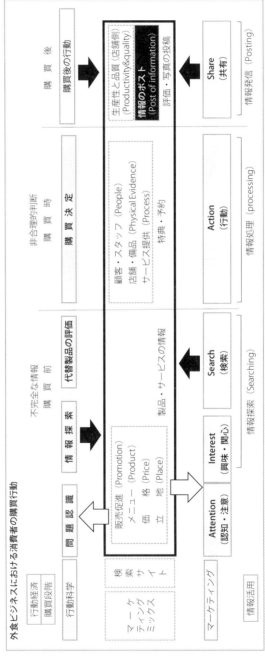

図 9 − 2 情報活用を重視したサービス・マーケティングの新しい要素としての 9P の提案

出典：筆者作成。

9. 3 残された課題

　情報化の側面からは，人工知能（AI）を中心としたICTの進化が顕著であり，日常生活においても，音声応答による検索や家電機器のコントロールなど身近なところで浸透している。人工知能（AI）に関しては，代表的なもので，人間の思考過程に関する「推論・探索」，専門的知識を取り込んだ上での推論に関する「エキスパートシステム」，大量のデータからルールや知識を学習する「機械学習」，人間の脳のメカニズムをモデル化した「ディープラーニング」が挙げられる（総務省「ICTの進化が雇用と働き方に及ぼす影響に関する調査研究」平成28年版）。特に機械学習においては，消費者の一般的なデータを大量に学習することで，消費者の属性などに適した商品を提示できるシステムなど，購買意思決定プロセスに深く浸透していることがうかがえる。

　本研究においては，情報活用に着目し，一連の段階を前提とした購買意思決定プロセスを明らかにすることを研究の目的とした。購買前では対象となる製品・サービスの情報探索，購買時には購買を決定し期待とのギャップを評価する情報処理，購買後は，購買時に得た評価，クチコミや写真などを情報発信する。それぞれに，「情報探索」，「購買決定」，「評価投稿」という情報活用のドライバーが存在することを明らかにした。さらに，人工知能（AI）が進化し浸透することにより，購買意思決定プロセスも変化していくと考えられる。

　消費者行動のプロセスモデルについては，本論文で採用した行動科学モデル，マーケティングモデルとしてのAISAS以降，「経験」（Experience），「熱中」（Enthusiasm）などの概念を付加したAIDEES，「共感」（Sympathize），「参加」（Participate），「拡散」（Spread）の概念を付加したSIPS，「認知」（Aware），「訴求」（Appeal），「調査」（Ask），「行動」（Act）の後に「推奨」（Advocate）の概念を付加した5Aが新たに提唱されている。いずれも，購買後の行動に具体性がもたらされた要素が付加されており，今後も注目されるべきプロセスの段階であるといえる。

　清水（2013）は，消費者行動論の観点から，購買意思決定プロセス自体が，購買前，購買時，購買後の一方通行ではなく，購買後の行動が購買前の行動に，情報とともに循環するという，「循環型マーケティング」を提唱している。情

報感度が高い消費者の購買意思決定プロセスが中心となって，潜在顧客にも情報を提供するというものである。

　このように，購買後の行動で，投稿（Post）された評価やクチコミ，写真などの情報が，再度の購買行動や他者の購買行動の購買前の行動にどのようにして影響していくのか，情報発信された情報は，どのようにして他者により情報探索されていくのか，この情報活用の連鎖を説明できる購買意思決定プロセスは未だ存在していない。これらの解明については今後の研究課題としたい。

参考文献

Akerlof, G. A. (1970) "The Market for "Lemons": Quality Uncertainty and the Market Mechanism," *The Quarterly Journal of Economics*, Vol.84, No.3, 488-500.

Amabile, T. M., Barsade, S. G., Mueller, J. S. & Staw, B. M. (2005) "Affect and Creativity at Work," *Administrative Science Quarterly*, 50, 367-403.

Anderson, R. E., & Srinivasan, S. S. (2003) "E-satisfaction and E-loyalty: A contingency framework," *Psychology & Marketing*, 20, 2, 123-138.

Ariely, D. (2010) *Predictably Irrational*, Harper Perennial (熊谷淳子 (訳) (2010)『予想通りに不合理』早川書房).

Assael, Henry (2004) *Consumer Behavior: A Strategic Approach*, Houghton Mifflin Company.

Blackwell, R. D., Miniard, P. W. & Engel, J. F. (2005) *Consumers-decision-process Source*, South-Western Pub.

Blackwell, R. D., Miniard, P. W. & Engel, J. F. (2006) *Consumer Behavior* (10th ed.), Thomson.

Booms, B. H. & Bitner, M. J. (1981) "Marketing Strategies and Organization Structures for Service Firms." In: *Marketing of Services*, American Marketing Association, Chicago, 47-51.

Chen, P. Y., & Hitt, L. M. (2002) "Measuring switching costs and the determinants of customer retention in internet enabled business: A study of the online brokerage industry," *Information Systems Research*, 13, 255-274.

Dhar, R., Nowlis, S. M., & Sherman, S. J. (2000) "Trying hard or hardly trying: An analysis of context effects in choice," *Journal of Consumer Psychology*, 9, 189-200.

Engel, J. F., Kollat, D. T. & Blackwell, R. D. (1968) *Consumer Behavior*, Holt, Rinehart and Winston.

Engel, J. F., & Blackwell, R. D. (1982) *Consumer Behavior* (4th ed.), The Dryden Press.

Engel, J. F., Blackwell, R. D., Miniard, P. W. (1995) *Consumer Behavior*, Eighth Edition, Chicago, The Dryden Press.

Fisk, R. P., Grove, S. J. & John, J. (2004) *Interactive Services Marketing*, 2nd edition, Houghton Mifflin Company (小川孔輔・戸谷圭子, 法政大学イノベーション・マネジメント研究センター監訳 (2005)『サービス・マーケティング入門』法政大学出

版会).

Godes, David & Dina Mayzlin（2009）"Firm-Created Word-of-Mouth Communication: Evidence from a Field Test," *Marketing Science*, 28（4）, 721-739.

Holbrook, M. B.（1994）"The nature of customer value: An axiology of services in the consumption experience", In Roland T. R. and Richard L. O.（Eds.）*Servicequality: New directions in theory and practice*, Sage, Newbury Park, 21-71.

Howard, J. A. & Sheth, J. N.（1969）*The Theory of Buyer Behavior*, Wiley & Sons.

Iyengar, S. S.（2010）*The art of choosing*, NY: Twelve（櫻井裕子訳（2011）『選択の科学』文藝春秋）.

Iyengar, S. S., & Kamenica, E.（2010）"Choice proliferation, simplicity seeking, and asset allocation," *Journal of Public Economics*, 94, 530-539.

Kahneman, Daniel & Amos N. Tversky（1974）"Judgment under uncertainty: Heuristics and biases," *Science*, 185, 1124-1131.

Kahneman, Daniel & Amos N. Tversky（1979）"Prospect Theory: An Analysis of Decision under Risk," *Econometrica*, 47（2）, 263-292.

Kahneman, D., Slovic, P., & Tversky, A.（1982）*Judgment Under Uncertainty: Heuristics and Biases*. New York: Cambridge University Press.

Kahneman, D., & Tversky, A.（1983）"Choices, values, and frames," *American Psychologist*, 39, 341-350.

Kim, A. J.（2000）*Community Building on the web*, Peeachpit（伊藤美奈子訳（2001）『ネットコミュニティ戦略』翔泳社）.

Kotler, P. & Armstrong, G.（1993）*Marketing an Introduction*, Third edition, Prentice-Hall, New Jersey, USA.

Kotler, P. & G. Armstrong（1994）*Principles of Marketing*, 6th eds., Prentice Hall, Inc.

Kotler, P.（2001）*Marketing Management*, Millennium Edition. Pearson Custom Publishing. A Pearson Education Company.（恩藏直人監訳, 月谷真紀訳（2001）『コトラーのマーケティング・マネジメント―ミレニアム版』ピアソンエデュケーション）.

Kotler, P. & K. L. Keller（2006）*Marketing management*, 12th edition, Prentice-Hall.（月谷真紀訳（2008）『コトラー＆ケラーのマーケティングマネジメント第12版』ピアソンエデュケーション）.

Kotler, P. & K. L. Keller（2006）*A framework for marketing management Kotler Keller marketing management*, 3rd edition, Prentice-Hall（月谷真紀訳（2014）『コトラー＆ケラーのマーケティングマネジメント基本編　第3版』ピアソンエデュケーション）.

Kotler, P., Hermawan Kartajaya & Iwan Setiawan（2010）*Marketing 3.0 From Products to Customers to the Human Spirit*, John Wiley & Sons, INC.（藤井清美訳

(2010)『コトラーのマーケティング 3.0：ソーシャル・メディア時代の新法則』朝日新聞出版).

Kotler, Philip — Kartajaya, Hermawan — Setiawan, Iwan（2017）*Marketing 4.0: moving from traditional to digital*, John Wiley & Sons Inc., Hoboken, New Jersey（フィリップ・コトラー他（2017）恩藏直人監訳，藤井清美訳『マーケティング 4.0』朝日新聞出版).

Kotler, P., Thomas, H. & Paul, N. Bloom（2002）*Marketing Professional Services*, 2nd ed., Prentice Hall, Inc.（白井義男監修，平林祥（2002）『コトラーのプロフェッショナル・サービス・マーケティング〔第 2 版〕』ピアソン・エデュケーション).

Kotler, P. & K. L. Keller（2006）*A Framework of Marketing Management*, 3rd ed., Prentice Hall, Inc.（恩藏直人監訳，月谷真紀訳（2008）『コトラー＆ケラーのマーケティング・マネジメント基礎編〔第 3 版〕』ピアソン桐原).

Kotler, P., Hermawan, K., & Iwan, Setiawan（2017）*Marketing 4.0: moving from traditional to digital. Wiley india* Pvt. Ltd（藤井清美訳（2017）『コトラーのマーケティング 4.0：スマートフォン時代の究極法則』朝日新聞出版).

Kotler, P.（2017）*Japan and the Future of Marketing*（鳥山正博監訳（2017）『マーケティングの未来と日本』KADOKAWA).

Langeard, Eric, John E. G. Bateson, Christopher H. Lovelock, & Pierre Eiglier（1981）*Services Marketing: New Insights from Consumers and Managers*, Cambridge, MA: Marketing Science Institute.

Leigh Caldwell（2012）*The Psychology of Price*, Crimson（武田玲子訳（2013）『価格の心理学』日本実業出版社).

Lovelock, C. H. & J. Wirtz（2007）*Services Marketing: People, Technology, Strategy, 6th edition*, Prentice-Hall,（臼井義男監修，武田玲子訳（2008）『ラブロック＆ウィルツのサービス・マーケティング』ピアソン・エデュケーション).

McCarthy, E. J.（1960）*Basic Marketing: A managerial approach*, homewood: richard D. Irwin（浦郷義郎・粟屋義純訳（1978）『ベーシックマーケティング』東京教学社).

Maslow, A. H.（1954）*Motivation and Personality*, Harper & Row（小口忠彦（訳）（1987）『人間性の心理学—モチベーションとパーソナリティ』産能大学出版部).

Maslow, A. H.（1998）*Toward a Psychology of Being*, 3rd ed., John Wiley & Sons（上田吉一訳（1998）『完全なる人間〔第 2 版〕魂の目指すもの』誠信書房).

Maslow, A. H.（1998）*Maslow on Management*, John Wiley & Sons（金井壽宏訳（2001）『完全なる経営』日本経済新聞社).

Nicosia, F. M.（1966）*Consumer Decision Processes: Marketing and Advertising Implications*, Prentice-Hall.

Parasuraman, A. P., Zeithaml, V. A., & Berry, L. L.（1985）"A Conceptual Model of Service Quality and its Implication for Future Research（SERVQUAL)", *Journal of Marketing*, 49, 41-50.

Peter, J. P., & Olsen, J. C.（2010）*Consumer behavior and marketing strategy*, Mcgraw-Hill.

Pine, B. J. & Gilmore, J. H.（1998）"Welcome to the experience economy," *Harvard business review*, vol.76, No.4, 97-105.

Pine, B. J. & Gilmore, J. H.（1999）*The Experience Economy*, Harvard Business School Press（岡本慶一・小高尚子訳（2005）『経験経済―脱コモディティ化のマーケティング戦略』ダイヤモンド社）.

Pine, B. J. & Gilmore, J. H.（2000）*The Experience Economy*, Boston, MA: Harvard Business School Press（電通「経験経済」研究会訳（2000）『経験経済エクスペリエンス・エコノミー』流通大学出版）.

Richard, H. Thaler & Cass R. Sunstein（2009）*Nudge*: The Final Edition, Penguin Books（遠藤真美訳（2009）『実践行動経済学』日経 BP 社）.

Richard, Normann（1991）*Service Management: Strategy and leadership in service business*, 2nd ed., Chichester, UK: John Wiley & Sons（近藤隆雄訳（1993）『サービス・マネジメント』NTT 出版）.

Salani, Bernard（1997）*The Economics of Contracts*, Mit Pr（細江守紀他訳（2000）『契約の情報学』勁草書房）.

Schmitt, B. H. & Simonson, A.（1997）*Marketing Aesthetics: The strategic management of brands*, The Free Press（河野龍太訳（1998）『「エスセティクス」のマーケティング戦略』トッパン・プレンティスホール）.

Schmitt, B. H.（1999）*Experiential Marketing: How to get customers to sense, feel, think, act, relate to your company and brands*, The Free Press（嶋村和恵・広瀬盛一訳（2000）『経験価値マーケティング』ダイヤモンド社）.

Schmitt, B. H.（2003）*Customer Experience Management*, John Wiley & Sons（嶋村和恵・広瀬盛一訳（2004）『経験価値マネジメント』ダイヤモンド社）.

Simonson, I.（1989）"Choice based on reasons: The case of attraction and compromise effects," *Journal of Consumer Research*, 16, 158-174.

Simonson, Itamar & Amos N. Tversky（1992）"Choice in Context: Tradeoff Contrast and Extremeness Aversion," *Journal of Marketing Research*, 29（3）, 281-295.

Tversky, A. & Thaler, R. H.（1990）"Anomalies: Preference Reversals", *Journal of Economic Perspectives*, Vol.4, No.2, 201-211.

青木道代（2004）「価格に対する消費者情報処理の考察」, 三田商学研究, 47（3）, pp.177-193.

青木幸弘（2010）『消費行動の知識』日本経済新聞社。

青木幸弘他（2012）『消費行動論―マーケティングとブランド構築への応用』有斐閣。

秋山隆平（2007）『情報大爆発―コミュニケーション・デザインはどう変わるか』宣伝

会議。

安藤和代（2017）『消費者購買意思決定とクチコミ行動―説得のメカニズムからの解明』千倉書房。

池尾恭一（2003）『ネット・コミュニティのマーケティング戦略―デジタル消費社会への戦略対応』有斐閣。

池田謙一（1997）『ネットワーキング・コミュニティ』東京大学出版会。

池田謙一（2010）『クチコミとネットワークの心理学―消費と普及のサービスイノベーション研究―』東京大学出版会。

石井淳蔵・厚美尚武（2002）『インターネット社会のマーケティング―ネットコミュニティのデザイン―』有斐閣。

石井淳蔵・水越康介（2006）『仮想経験のデザイン―インターネット・マーケティングの新地平―』有斐閣。

伊藤隆一他（2003）『現代の心理学』金子書房。

井上崇通（2012）『消費者行動論』同文館。

上田隆穂（1999）『マーケティング価格戦略』有斐閣。

菊澤研宗（2006）『組織の経済学入門―新制度派経済学アプローチ』有斐閣。

栗山浩一・柘植隆宏・庄子康（2013）『初心者のための環境評価入門』勁草書房。

国土交通省（2009）『仮想的市場評価法（CVM）適用の指針』。

小檜山江未留・小山貴之・大西達矢・佐藤弘季（2010）「妥協効果が消費者選好の変化に及ぼす影響」中央大学商学部，久保知一研究室研究論文。

近藤隆雄（2007）『サービスマネジメント入門―ものづくりから価値づくりの視点へ』生産性出版。

近藤隆雄（2012）『サービス・イノベーションの理論と方法』生産性出版。

近藤隆雄（2010）『サービスマーケティング』生産性出版。

佐々木宏夫（1991）『情報の経済学』日本評論社。

嶋口充輝（1994）『顧客満足型マーケティングの構図』有斐閣。

清水聰（1999）『新しい消費者行動』千倉書房。

清水聰（2006）『戦略的消費行動論』千倉書房。

清水聰（2013）『日本発のマーケティング』千倉書房。

清水聰・神田晴彦・鳥山正博（2013）「購入に影響を及ぼす情報源と情報発信の変化」日本マーケティング学会，128，pp.79-91.

杉本徹雄（1997）『消費者理解のための心理学』福村出版。

杉本徹雄（2013）「消費者意思決定モデルにおける動機づけメカニズム」『上智経済論集』58（1・2），pp.299-305，2013-03，上智大学経済学会。

須永勉（2010）『消費者の購買意思決定プロセス―環境変化への適応と動態性の解明』青山社。

竹村和久（編），高木修監修（2000）『消費者行動の社会心理学―消費する人間のこころ

と行動』北大路書房。

田中洋・清水聰（2006）『消費者・コミュニケーション戦略』有斐閣。

田中洋「マーケティングのキーコンセプト」毎日新聞社（http://macs.mainichi.co.jp/space/web/032/marke.html）2016/08/22。

田中洋（2008）『消費者行動論体系』中央経済社。

田中洋（2015）『消費者行動論』中央経済社。

近勝彦（1999）『情報掲示社会の基礎理論Ⅰ—情報経済形』学術図書出版社。

近勝彦（1999）『情報掲示社会の基礎理論Ⅱ—情報経済形』学術図書出版社。

近勝彦（2006）『Web2.0 的成功学—複雑系の科学と最新経済学で時代を読む』毎日コミュニケーションズ。

近勝彦・福田秀俊（2010）『経験の社会経済』晃洋書房。

近勝彦（2015）『集客の方程式—SNS 時代のメディア・コミュニケーション戦略』学術研究出版。

都築誉史・松井博史・菊地学（2012）「多属性意思決定における類似性効果，魅力効果，妥協効果に関する多測度分析」心理学研究，83（5），pp.398-408.

友野典男（2006）『行動経済学　経済は「感情」で動いている』光文社。

中川正悦郎（2017）「飲食店検索サイトに対する e ロイヤルティの形成要因に関する研究—プラットフォーム型サイトにおけるネットワーク効果に注目して—」日本フードサービス学会，年報 22 号，pp.22-37.

永谷敬三（2002）『情報の経済学』東洋経済。

濱岡豊・里村卓也（2009）『消費者間の相互作用についての基礎的研究—クチコミ，e-クチコミを中心に—』慶応義塾大学出版。

濱治世他（2001）『感情心理学への招待』サイエンス社。

広田すみれ・高橋聖奈（2014）「レストランクチコミサイトにおける評価の数や質と意思決定の関係」東京都市大学横浜キャンパス情報メディアジャーナル，第 15 号。

藤本静（2013）「情報提供動機と購入意向の関係：消費者参加型製品開発ネット・コミュニティの事例より」広島大学マネジメント研究（14），pp.105-119.

古川一郎・守口剛・阿部誠（2011）『市場対応の科学的マネジメント』有斐閣アルマ。

松井剛（2001）「マズローの欲求階層理論とマーケティングコンセプト」一橋論叢，126（5），pp.495-510.

松江宏（2007）『現代消費者行動論』創成社。

松田貴典・近勝彦・川田隆雄（2012）『創造社会のデザイン』ふくろう出版。

三菱総合研究所（2013）平成 24 年度コンテンツ産業強化対策支援事業（ネットワーク系ゲーム環境整備研究事業）報告書。

宮田加久子（1993）「ネットワークと現実世界」池田謙一（編）『ネットワーキング・コミュニティ』東京大学出版会。

宮田加久子（2001）「インターネットでの「評判」（reputation）と広告の実証的研究：

　　情報の信頼性判断基準としての「評判」の形成過程とその消費行動に与える影響」
　　吉田秀雄記念事業財団，平成 12 年度研究助成報告書。

宮田加久子（2005）『インターネットの社会心理学』風間書房。

宮田加久子（2005）『きずなをつなぐメディア』NTT 出版。

宮田加久子（2006）「消費行動におけるオンラインでの口コミの影響―メールとオンラ
　　イン・コミュニティの比較」研究所年報（36），pp.99-108. 明治学院大学社会学部付
　　属研究所。

宮田加久子・池田謙一（2008）『ネットが変える消費者行動―クチコミの影響力の実証
　　分析』NTT 出版。

村本理恵子・菊川暁（2003）『オンライン・コミュニティがビジネスを変える』NTT 出
　　版。

山本朗（1977）『製品計画とマーケティング』千倉書房。

山本昭二（2007）『サービスマーケティング入門』日本経済新聞出版社。

依田高典（1997）『不確実性と意思決定の経済学』日本評論社。

依田高典（2010）『行動経済学―感情に揺れる経済心理』中公新書。

和田充夫他（1996）『マーケティング戦略』有斐閣アルマ。

和田充夫（1998）『関係性マーケティングの構図』有斐閣。

索　引

《著者紹介》

島　浩二（しま・こうじ）
　大阪公立大学大学院都市経営研究センター研究員
　大阪市立大学商学部（マーケティング専攻）卒業
　大阪市立大学大学院創造都市研究科公共政策／都市ビジネス修士課程修了
　事業創造領域博士課程修了，博士（創造都市）
　Shima フレンチ食堂『ノルポル』マーケティング・マネージャー

主要著書

『サービス・マーケティング』（共著）五絃舎，2018 年。
『地域密着型飲食店のマネジメントスタイル〜消費者視点のマーケ
　ティングと事業計画』パレード出版，2016 年。
『橋下徹・劇場型改革派首長の行政マネジメントスタイル〜大阪府知
　事時代』パレード出版，2012 年。
など。

（検印省略）

2022 年 10 月 10 日　初版発行　　　　　　　　　　略称―外食

外食における消費者行動の研究
―情報活用に着目した購買意思決定プロセス―

　　　　　　　著　者　島　　浩　二
　　　　　　　発行者　塚　田　尚　寛

発行所　東京都文京区　　**株式会社　創成社**
　　　　春日 2 - 13 - 1

　　　電　話 03（3868）3867　　　F A X 03（5802）6802
　　　出版部 03（3868）3857　　　F A X 03（5802）6801
　　　http://www.books-sosei.com　　振　替 00150-9-191261

定価はカバーに表示してあります。

©2022 Koji Shima　　　　　　　組版：スリーエス　印刷・製本：鳩
ISBN978-4-7944-2604-8　C3034
Printed in Japan　　　　　　　　落丁・乱丁本はお取り替えいたします。